Comme disait ma Grand' mère

450 expressions normandes

À Hervald
Cathelène
Bertille
Tancrède
Brunhild
Anselme
Wandrille, mes petits-enfants

ISBN : 978-2-918856-34-4

Mise en page : Christophe Billard

84, rue du Moulin de la Nation,
76690 Fontaine-le-Bourg

Gilles MAUGER

Comme disait ma Grand' mère

450 expressions normandes

Illustrations : Christophe Billard

Préface

Ce recueil d'environ quatre cent cinquante expressions populaires est le fruit d'une compilation qui dure depuis environ trente ans. Ces petits textes ont été et sont toujours publiés dans l'Eveil de Pont-Audemer qui a eu la gentillesse de s'intéresser à la langue normande et de lui consacrer, chaque semaine, une demi-page. Il s'intitule « Comme disait ma grand'mère » parce que la majeure partie de ces sentences, environ les trois-quarts, je les ai recueillies auprès de ma grand-mère. Le restant auprès de ma mère, des amis et relations qui m'entourent. Preuve que le normand est toujours bien vivant.

Ces expressions je les ai rassemblées car je les ai trouvées savoureuses et pleines d'humour. En effet, enfant et pour cause de vie professionnelle parentale, je fus élevé à Paris. Mais toutes les vacances scolaires, je les passais à Pont-Audemer chez ma grand-mère. La Normandie fut alors mon "far west". Terre d'exotisme, de dépaysement total avec une langue et un accent. Pensez donc, il y avait encore des voitures à chevaux, des marchés aux bestiaux, où l'on pouvait voir toute sortes d'animaux avec les cris, les odeurs, les comportements. Il y avait encore devant l'ancienne halle au blé, la survivance de la louée. Et on allait toper les accords au café. Il y avait tous ces gens qui me connaissaient, que je ne connaissais pas et qui m'interpellaient : ***Est-i tei l'fieu à Jacqueline ? T'as rien forchi. Comment qu'ch'est-i qu'va ta grand'mé ? Et que j'te boujoute à tous les coins de rue. Tiens prinds cha tu t'acat'ras des bobons mais tu l'dis pin à t'n'onc, eul dentisse. Pas ?**** On me connaissait, j'étais quelqu'un. J'appartenais à une famille, à un réseau social.

Il est sûr et vous le comprendrez aisément, que le petit Parisien, parfait inconnu au milieu du grouillement lutécien, des bousculades dans le métro, *au plus fort la pouque,* écrasé dans les batailles pour monter dans le bus, entouré de visages renfrognés, baignant dans l'agressivité des Parigots, rencontrait à Pont-Audemer son El dorado, les terres de l'ouest. Et je ne parle pas des jeux avec les cousins, petits cousins, arrière petits cousins. La patinette, le vélo, les balades toute la journée en forêt, l'apprentissage de la natation dans la Risle, les champignons, les pommes, les mûres... en un mot la liberté. On partait pour l'après-midi ou la journée. Et pour les garçons, il subsistait tous les vestiges de la guerre...

Essayez d'aller faire du vélo à Paris ou du patin à roulettes ! Et puis il y avait des choses étranges, impensables à Paris : on ne fermait pas dans le Roumois, les voitures, les maisons. Comme ça les enfants pouvaient rentrer quand ils voulaient. Et les "quatre heures" chez les uns, chez les autres. Une autre vie, une autre planète. Pour moi, l'exotisme c'était la Normandie.

Suivirent les études, toujours à Paris avec des *écappées* en Normandie une à deux fois par mois. Le lien est toujours tenace. Puis, pour des raisons professionnelles, l'exil dans une autre province diamétralement opposée. C'est à cette occasion que j'ai réalisé à quel point j'étais attaché à la Normandie, à sa langue, à sa culture.

Et c'est à cette époque que débuta la récolte auprès de ma grand-mère vieillissante, de toutes ces expressions et ces traditions qui commençaient à disparaître. De là est venu mon intérêt pour le normand ; intérêt qui a cru au fur et à mesure que je découvrais que ce n'est pas un patois mais une langue, vraisemblablement plus ancienne que le français et descendant directement du latin et des langues germaniques. Là où le français transforme *catus* en chat, le normand va de *catus* à *cat,* de *vespa* (la guêpe) à *vespe,* de *rex* à *rei* et non roi comme en français. Aux langues germaniques, le normand va emprunter le W et le transformer en V. Par exemple *wad* en francique donne *vey* en normand alors qu'il donne gué en français. De même le normand accentue le H aspiré germanique en début de mot et le transforme presque en R, une haie (haya) devient une *rhaie,* une hache (hapja) une *rhache.*

A ces considérations un peu rébarbatives s'ajoutent des aspects plus drôles de la langue normande comme la litote, la double négation que nous tenons semble-t-il des Vikings. Le Normand ne dit pas que quelque chose ou quelqu'un est beau, il dit qu'il n'est pas laid. A tout ceci, le Normand ajoute l'humour et un solide bon sens. La Normandie est terre de sapience (sagesse). A tout cela, vous mêler la moquerie, les Normands sont *moqueus,* vous agitez fort et vous obtenez nos expressions.

Nous en avons sélectionnées 450 mais, rassurez-vous, il en existe beaucoup plus. Celles que nous avons choisies sont utilisées principalement dans l'Eure, région de Pont-Audemer mais on les retrouve un peu partout en Normandie ou du moins dans des versions approchantes.

Laissez-vous prendre à cet humour normand, humour de notre terroir qui fait souvent référence aux animaux et en particulier au chien. *Çu paur quien* doit avoir tous les défauts car il est arrangé à toutes les sauces et chargé de bien des péchés.

Vous en souhaitant bonne lecture, imaginez les veillées d'autrefois, avant la télé !

---

*Est-ce toi le fils à Jacqueline ? Tu as beaucoup grandi. Comment va ta grand-mère ? Et que je t'embrasse à tous les coins de rue. Tiens prends ça tu t'achèteras des bonbons mais tu ne le dis pas à ton oncle, le dentiste. N'est-ce pas ?

7

Il est garé couomme eune vaque dans un carré de pois

Il est garé comme une vache dans un carré de pois
Etre garé n'importe comment. A noter que le mot *gare* vient du viking *var* qui désigne la berge d'une rivière et garer, amarrer un bateau à la berge. Le mot est passé en français.

2 Armets l'pé su la mé

Remets le père sur la mère
Repenche la bouteille sur mon verre. Ressers-moi un verre. Expression bien de chez nous n'est il pas ?

3 Maquer comme eune vaque

Manger comme une vache
Se dit de quelqu'un qui a beaucoup d'appétit.

4 Bon quien cache de rache

Bon chien chasse de race (d'instinct)
Allusion aux caractères héréditaires. On peut le traduire en français par : « c'est bien le fils de son père », ou bien « telle mère, telle fille ».

5 Tout ch'qu'arrive eud flot, arpart de marée

Tout ce qui arrive avec la marée montante repart aussitôt avec la marée descendante
Sentence moralisante : l'argent acquis sans effort, l'argent facile, repart aussi vite qu'il est venu. Quand on gagne de l'argent trop facilement, au jeu par exemple, cet argent qui n'a pas de valeur puisqu'il ne correspond pas à un effort, on le gaspille facilement. On pourrait dire aussi : « Argent mal acquis ne profite jamais ».

6 Grand diseu, p'tit faiseu

Grand parleur, petit faiseur

Peut se traduire en français par : Avoir une grande gueule… mais des petites mains. Il en dit plus qu'il n'en fait.

7 Creis cha pis beis d'l'iao

Crois ça puis bois de l'eau

En français cela correspond à la sentence : Compte là-dessus et bois de l'eau claire, t'auras le teint frais. Avertissement pour prévenir les personnes trop crédules.

8 Carèches eud quien donnent des puches

Caresses de chien donnent des puces

Allusion à l'hypocrisie ou à l'obséquiosité de certaines personnes. Les caresses faites ou les paroles dites par une personne flatteuse, hypocrite ou obséquieuse, dissimulent de mauvaises intentions ou des bêtises à se faire pardonner.

9 Sangement d'herbage, réjouit les viaos

Changement d'herbage réjouit les veaux

Les veaux aiment bien changer d'herbage, de pâture surtout si l'herbe y est plus fraiche. C'est une petite sentence un brin immorale et coquine, faisant allusion aux infidélités conjugales. Sentence qui a toujours été fortement d'actualité en Normandie.

10 Fais du bien à eun quien, i t'mord

Fais du bien à un chien, il te mord

Cette petite sentence fait bien sûr allusion à l'ingratitude de certaines personnes à qui on a fait du bien, apporté de l'aide et qui, en retour, en remerciement, ne sont pas reconnaissantes voire même méchantes, agressives.

11 Adreit d'ches mains couomme eun quien d'cha quoue

Adroit de ses mains comme un chien de sa queue

Les chiens ne peuvent voir ce que fait leur queue et quand ils vous manifestent leur amour ou leur satisfaction cette queue peut balayer ce qui est à portée. Surtout ceux qui sont à hauteur de table basse et qui vous balayent le plateau apéritif d'un coup de queue. Se dit bien sûr d'un personnage particulièrement maladroit.

12 Au plus fort la pouque

Au plus fort le sac de grain

Une *pouque* est un sac en toile de jute. L'expression est synonyme de "Chacun pour soi et Dieu pour tous", ou bien "Que le plus fort gagne", "Pas de pitié pour les perdants." A noter que les mots *pouque, pouquette* ont pour origine le viking *poki* qui a le même sens et qui a donné *pocket* en anglais.

13 D'eune fourre eud quien, il en fait eun pain d'chuc

D'une crotte de chien il en fait un pain de sucre

Faire toute une histoire d'un rien. En rajouter, en faire trop.

14 J'y garde eun quien d'ma quienne

Je lui garde un chien de ma chienne
Je lui garde rancune. Je n'oublie pas ce qu'il m'a fait et je lui rendrai un jour. Allusion au caractère vindicatif des Normands, en particulier, et des peuples germaniques, en général (Ex : Souviens toi du vase de Soissons) qui n'oublient pas facilement les vilenies qu'on leur a faites.

15 Quand t'aras rherché çu que j'ons labouré !

Quand tu auras hersé ce que j'ai labouré !
Quand tu en auras fait la moitié de ce que j'ai fait, tu pourras t'exprimer et vanter tes mérites.

16 Eune pouque vide tient pas d'bout

Un sac en toile vide ne tient pas debout

Une *pouque* est un sac, en général en toile de jute, et il ne peut tenir debout qu'en partie rempli. En fait, le proverbe fait allusion à la nourriture et à la façon de se nourrir. Pour tenir debout et pouvoir faire des efforts il faut bien manger. De même quelqu'un mal nourri, maigre et qui flotte dans ses vêtements ressemble à *eune pouque vide*. Certaines mauvaises langues rajoutent : ***Eune pouque plèine eune toute ;*** un sac (trop) plein non plus. Allusion à l'abus de boisson : si l'on boit trop on ne tient pas debout non plus.

17 Est pin l'cageot qui fait l'osiao

Ce n'est pas la cage qui fait l'oiseau

L'habit ne fait pas le moine.
Il faut se méfier des apparences.

18 Fêiter Pâques eudvant les Pâques fleuries

Fêter Pâques avant les Rameaux

C'est une expression qui n'a plus beaucoup de sens de nos jours où les mœurs ont changé, beaucoup changé en deux ou trois dizaines d'années car il signifie avoir un ou des enfants avant le mariage. Ce qui autrefois n'était pas très bien vu mais qui maintenant est chose courante. D'ailleurs de nos jours on ne sait plus si les parents se marient ou si ce sont les enfants qui marient leurs parents parce qu'il est temps.

19 Ichite, no aïme pin les vaques qui vêlent tard

Ici on n'aime pas les vaches qui vêlent tard

Stricto sensu, ça veut dire que l'on n'aime pas les gens qui payent en retard ce qu'ils doivent. Expression fort utilisée dans les commerces. Dans un sens plus étendu cela concerne les gens qui sont en retard dans quelque domaine que ce soit.

20 P'tits éfants, p'tits soucis ; Grands éfants, grands tourments

Petits enfants, petits soucis ; grands enfants, grands tourments

Plus les enfants grandissent, plus ils donnent de soucis à leurs parents. Et plus ces soucis sont importants. *Est pin mes paures gens qui vos diront l'cotraire. Pas ?*

21 Il a plu su sa merch'rie

Il a plu sur sa mercerie

Se dit surtout pour une dame qui, en prenant de l'âge, n'est plus aussi belle et fraîche que de son jeune temps, qui en a perdu, qui est un peu défraichie.
Au sens figuré se dit aussi au sujet de quelqu'un qui avait une assez haute opinion de lui-même et à qui il est arrivé des malheurs et qui en a rabattu.

22 L'saint est muché, la fête est finie

Le saint est caché, la fête est terminée

Donc on a rangé la statue du saint après la procession et la fête ou les réjouissances sont terminées.
Cela veut dire : trop tard, c'est terminé.
On le dit à quelqu'un qui arrive en retard.

23 A la Cand'leu les jous prennent eune heue

A la Chandeleur les jours prennent une heure

La chandeleur c'est la fête des chandelles, le 2 février. A cette date les jours ont rallongé d'environ une heure depuis Noël.

24 Franc comme eun quien qu'arcule

Franc comme un chien qui recule

Les chiens qui jappent et qui sont agressifs reculent quand vous leur faites face et que vous marchez vers eux mais vous mordent les mollets dès que vous leur tournez le dos. Donc se dit de quelqu'un qui manque de franchise, d'une personne qui dit certaines choses sur le compte des autres quand elles ont le dos tourné ou bien qui fait ses coups par derrière.

25 S'neyer dans eun crachat ou s'nier dans eun verre d'iaô

Se noyer dans un crachat ou dans un verre d'eau

Il ne faut pas grand-chose pour être débordé.

26 Maquer la ch'maine pa les deux bouts

Manger la semaine par les deux extrémités

C'est gaspiller au sens large du terme. Jeter l'argent par les fenêtres. Dépenser sans compter. ***Maquer la ferme*** est plutôt réservée au gaspillage de l'héritage.

27 Preinde la mé pis l'viao aveuc

Prendre la mère et le veau avec
Il ne s'agit pas là de tractations sur le marché aux bestiaux. La vraie signification est un petit peu différente. Il y était question d'épouser une femme qui a déjà un enfant, de l'accepter avec son enfant. C'est-à-dire, autrefois, d'épouser une fille mère. Le sujet est peut-être un peu dépassé à l'heure des familles décomposées puis recomposées. Les familles "commodes", avec plein de tiroirs.

28 Est fait esprés couomme les quiens pou morde eul monde

C'est fait exprès comme les chiens pour mordre le monde
Les chiens étant dressés pour garder la maison et mordre les intrus. On peut remarquer une fois de plus que les expressions normandes sont très imagées. Elles utilisent beaucoup les animaux et en particulier le chien qui est l'animal le plus souvent invoqué et qui semble responsable de bien des tourments dans nos contrées. Il a bon dos ce pauvre toutou.

29 Rhat comme trois pommes à genoux dans la butte d'un four

Haut comme trois pommes à genoux dans un four un pain
Ça c'est la V. F. (version femme), car mon grand père utilisait plutôt la V. O. (version homme) qui est la suivante : **Haut comme trois pines à genoux dans la butte d'un four.**
L'une ou l'autre version se rapporte à une personne de petite taille. Sentence très imagée car être à genoux à l'intérieur d'un four à pain, pomme ou pine, a pour résultat une assez petite dimension.

30 Ecchité couomme eun pou dans la chiure

Excité comme un coq dans la sciure
Un *pou* c'est un *poul* c'est à dire le masculin de poule. C'est donc un coq. Les coqs qui veulent séduire une poulette grattent la terre pour faire apparaître des vers qu'ils laissent galantement à leur compagne. Gratter de la sciure, matériau très tendre et ne pas trouver de vers doit être effectivement énervant et humiliant pour nos séducteurs.

31 Trente six métiers, trente six misèes

Trente six métiers, trente six misères
Allusion aux gens sans qualification professionnelle, qui changent souvent d'activité et qui ne gagnent pas beaucoup d'argent.

32 A chécun sen métier et les viaos s'ront bien gardés

A chacun son métier et les veaux seront bien gardés
Au sens propre. A chacun de faire ce pourquoi il a été formé pour être compétent. Et ne pas vouloir exercer un métier auquel on ne connait rien. Ca permet d'éviter les catastrophes. Au sens figuré peut aussi vouloir dire : A chacun de s'occuper de ses affaires au lieu de s'occuper des affaires des autres et tout ira mieux. A noter qu'il existe une fable de Florian, auteur du XVIIIe siècle, qui s'intitule : A chacun son métier et les vaches seront bien gardées.

33 Toute la pouque sent l'rhareng

Toute le sac sent le hareng
Allusion, dans un sens péjoratif, aux caractères héréditaires ou acquis que l'on retrouve dans une même famille. Ils se ressemblent tous dans cette famille. Ils sont tous plus reluisants les uns que les autres. Y en a pas un pour racheter l'autre, etc.

34 Est la pêle qui traite eul caudron d'neir cul

C'est la poêle qui traite le chaudron de cul noir
En français on peut traduire par : C'est l'hôpital qui se moque de la charité.

35 Qui qu't'as au cul qui t'oppose eud sainti ?

Qu'est-ce que tu as aux fesses qui t'empêche de te redresser ?
Saintir, c'est se tenir droit, raide comme une statue de saint. Se dit bien sûr à un enfant qui ne se tient pas droit.

36 L'vent cha fait dormi les cochons

Le vent fait dormir les cochons
Se dit, en plaisantant, à une personne qui a bien dormi et qui n'a pas entendu le vent souffler ou toute sorte d'agitation et de bruit survenus pendant son sommeil. Ca reste à vérifier bien sûr.

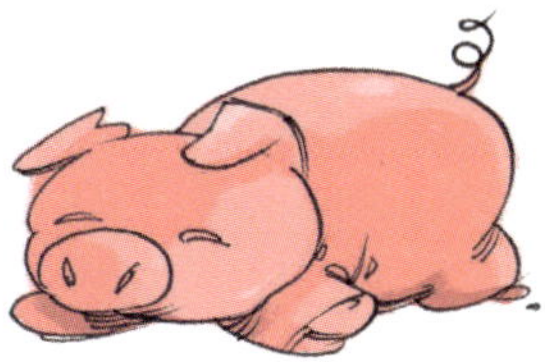

37 Çu qu'no apprend au ber n's'oublie qu'aux vers

Ce que l'on apprend au berceau ne s'oublie qu'aux vers (de terre)
Ce que l'on apprend quand on est très jeune ne s'oublie jamais et on ne l'oublie qu'en mourant. D'où l'intérêt de ne pas rater les premières années d'éducation.

38 Eun pouchin d'barrié ou Eun pouchin d'rhaie

Un poussin de barrière ou un poussin de haie

Mais qu'est ce donc qu'un poussin de barrière ou de haie ? Au sens propre certaines poules ont tendance à ne pas pondre dans le poulier (poulailler) mais à aller pondre dans les haies ou dans l'herbage voisin au-delà de la barrière. D'y couver puis de revenir au poulailler avec leur couvée trottinant derrière elles.

Au sens figuré, et bien c'est un enfant illégitime, un bâtard. Un enfant dont on connaît la mère mais pas le père, l'enfant d'une fille-mère comme on disait autrefois. Un enfant qui a été conçu en cachette en se dissimulant derrière… la haie.

39 Aveir eul portefeuille en piao d'rharuchon

Avoir le portefeuille en peau de hérisson

Etre radin en français. Je dis bien en français parce que le mot radin n'existe pas en normand ! Le concept lui-même nous est inconnu. *Pas ?* A la limite on pourrait traduire par économe.

40 Tu baves et pis tu dis qu'i pieut

Tu baves et puis tu dis qu'il pleut

On dit ça à un enfant afin de lui faire remarquer gentiment qu'il est en train de baver. Ou bien, ironiquement, à quelqu'un qui boit de travers et qui a du liquide qui coule le long de son menton.

41 No va pin aller à cloche pied tout d'même

On ne va pas aller (ou s'en aller) à cloche pied

En fait, ce propos se tient lorsque l'on vous propose de reboire un verre. Vous ne pouvez pas refuser car vous ne pouvez pas repartir sur un seul pied. Il est tellement plus prudent de repartir sur deux pieds (voire plus si affinité). N'est ce pas ?

Il existe une variante : ***Tu vas tout d'même pin m'quitter arpartir à cloche pied*** (Tu ne vas tout de même pas me laisser repartir à cloche pied). Se dit quand le deuxième coup à boire est long à venir et qu'il faut le réclamer.

42 La cabane est timbée su l'quien ou La caloge au quien est bas

La cabane est tombée sur le chien

Cela peut se traduire en français par : il est arrivé des malheurs, beaucoup de malheurs à quelqu'un. La maison (la cabane) s'est effondrée, la fortune s'est envolée.

43 J'vas t'réquer la porette

Je vais te gauler le poireau

La traduction littérale est délicate car *réquer* signifie secouer les branches d'un pommier avec une gaule pour faire tomber les dernières pommes et la *porette* ce sont de jeunes poireaux. En fait cela veut dire : je vais te mettre une claque ou une correction.

44 A la muche ten pot

A la cache ton pot

Faire quelque chose *à la muche ten pot,* c'est faire quelque chose en cachette. C'est une allusion à la contrebande de calva. Le verbe *mucher* signifiant cacher en normand. Donc on fait allusion ici aux pots de calva que l'on cachait aux inspecteurs des contributions indirectes.
Cela nous rappelle que la Normandie fut une grande terre de contrebandiers. Contrebande en tout genre avec l'Angleterre et les îles anglo-normandes. D'où le chemin des douaniers le long de nos côtes. Contrebande du sel, contrebande du calva distillé en cachette, etc.

45 Est pin l'touot qu'eud li en promette, faot li en bailler

Ce n'est pas le tout de lui en promettre, il faut lui en donner

Se dit de quelqu'un qui a beaucoup d'appétit, qui mange bien et, ou qui boit bien. Se dit aussi, au sens figuré, d'une dame qui a de forts appétits sexuels et qu'il est difficile de combler.

46 Y a pin l'fû à la mare (à la mé)

Il n'y a pas le feu à la mare (à la mer)
Les Savoyards disent "Y a pas l'feu au lac". Les Français disent y a pas l'feu. Cela signifie : on n'est pas pressé, on a le temps de voir venir. Remarquons que mare vient du viking qui veut dire mer ou étendu d'eau.

47 Hureux comme eun cat qui tèite deux més

Heureux comme un chat qui tète deux mères
Ca doit être effectivement le comble de la félicité, le chat raffolant du lait. Une tétine dans chaque patte avant. Il n'y a qu'à tourner la tête.

48 Tellement rapiat qu'i touserait un œu

Tellement radin qu'il tondrait un œuf
C'est vous dire. *Pas ?* Les allusions à la radinerie sont fréquentes dans nos sentences. On pourrait croire que les Normands sont radins. *Est eune mente. Pas ?*

49 Caleu couomme eun quien d'cu'é

Fainéant comme un chien de curé
Il est bien connu que les chiens de curé n'ont pas à surveiller les veaux, les poules, à guetter le renard et autre prédateur et à sonner l'alarme dès qu'un inconnu se présente. Ce qui au total représente beaucoup de travail pour un chien de ferme au contraire du chien de curé qui n'a pas à faire tout ça.

50 A la Candeleur, l'hivé s'meurt ou ardoube eud vigueur

A la Chandeleur, l'hiver se meurt ou redouble de vigueur

A la Chandeleur soit l'hiver se termine soit on repart pour une longue période de temps froid qui va beaucoup prolonger l'hiver. Au Moyen-âge, on avait un dicton du même genre qui mettait en scène l'ours : « A la chandeleur si l'ours sort d'hibernation, l'hiver est fini ; si l'ours se rendort, l'hiver se prolonge encore. » Heureusement il n'y a plus d'ours.

51 Effouché couomme eun rhanneton qu'a prins un coup d'capé

Effarouché comme un hanneton qui a pris un coup de chapeau
Ça rend le hanneton plus prudent, c'est sûr. En fait cela se dit d'une personne ou d'un animal farouche, peureux.

52 S'arposer da rien fé

Se reposer de ne rien faire
Se dit d'une personne fainéante qui ne fait rien ou pas grand-chose. Vous en connaissez certainement !

53 Rouoge couomme eun cô qu'arvient d'glaner

Rouge comme un coq qui revient de glaner
Un coq qui revient de glaner et qui s'est rempli le gésier de blé, a la crête rouge. Se dit donc d'une personne dont le visage vire au rouge sous l'effet de la colère ou bien sous l'effet d'un excès de nourriture ou de boisson.

54 Ête gueux couomme eun rat d'église

Etre pauvre comme un rat d'église
Se dit bien sûr à propos de gens très pauvres. Les rats d'église n'ayant pas grand-chose à se mettre sous la dent à part les cierges et les missels, doivent être très maigres. Pas comme les rats *d'guernier,* de grenier, qui peuvent profiter des réserves alimentaires des hommes.

55 Faut pin promette pus d'beurre qu'no z-a d'pain

Il ne faut pas promettre plus de beurre que l'on a de pain

Il ne faut pas faire de promesses que l'on ne peut pas tenir.

56 Porter l'deu d'cha couturié

Porter le deuil de sa couturière

Cela veut dire que l'on porte des vêtements auxquels il manque des boutons.

57 Ventre à terre couomme eun colimachon euddans la neige

Ventre à terre comme un escargot dans la neige

Ventre à terre veut dire aller très vite.
Mais un escargot (qui avance ventre à terre), ça n'avance pas vite. Encore moins s'il est dans la neige. Se dit de quelqu'un qui se hâte avec lenteur.

58 Eune vraie tite boule à boujous

Une vraie petite bouille à baisers

Se dit d'un bel enfant bien potelé que l'on a envie d'embrasser, de couvrir de baisers sur les joues ou partout ailleurs.

59 Jaloux couomme eun quien câtré

Jaloux comme un chien châtré

C'est-à-dire très jaloux. Je ne sais pas si les chiens châtrés sont plus jaloux que les autres. Je ne l'ai pas remarqué. Faisons donc confiance à *ma grand'mé.*

60 Acculer à la fessière

Reculer contre l'avaloire

La *fessière* c'est une courroie qui passe derrière les fesses du cheval, qui est reliée aux brancards et qui permet de faire reculer la voiture ou la charrette en faisant reculer le cheval. Reculer contre la *fessière* c'est pour un cheval avancer à reculons. Même signification pour l'homme : Avancer à reculons, trainer des pieds pour effectuer une tâche, l'effectuer à contre cœur.

61 Il avanche que quand l'bacul i tape aux talons

Il avance quand le bacul lui tape aux talons

Le bacul est une traverse en bois située derrière le cheval qui maintient écartés les traits. Donc cela veut dire qu'une personne avance, ne fait quelque chose, que poussé par la nécessité, par obligation ou sous la menace.

62 Avei eune taque

Avoir une tache

C'est en fait une jeune fille qui a un enfant. "*Jane fille aveu taque*" pouvait-on lire dans les annonces matrimoniales autrefois.

63 L'abus d'beichon pouche pin eun homme su l'cotillon

L'abus de boisson ne pousse pas un homme sur le cotillon

L'abus de la boisson risque de faire perdre à un homme, ses moyens ou son désir dans certaines circonstances amoureuses. D'autre part les hommes qui boivent régulièrement et trop, les alcooliques, sont réputés avoir beaucoup moins de désirs amoureux.
Donc à consommer avec modération, comme on dit de nos jours : pour pouvoir sauter sur le cotillon.

64 Argentu couomme eun poultier

Plein d'argent comme un marchand de volailles
S'ils sont si riches que ça, j'aurais peut-être dû écouter ma grand-mère.
Pas ? J's'rais pin obligé d'jouer au loto.

65 Maquer d'la soupe au rouin

Manger de la soupe à la grimace
C'est se faire accueillir par quelqu'un qui fait la tête. Rentrer chez soi pour manger de la soupe à la grimace. Ca n'existe plus maintenant car nos épouses sont charmantes et d'humeur égale mais cela se rencontrait souvent autrefois lorsque le mari rentrait tard surtout s'il était dans un état "avancé". Il était alors sûr de *maquer de la soupe au rouin,* voire pire.

66 Feine couomme eune foueine

Fine comme une fouine
La fouine a la réputation d'être très fine, intelligente, rusée.

67 No peut pin ête à la carrue pis au banneau

On ne pas être à la charrue et au tombereau
En français on dirait qu'on ne peut pas être au four et au moulin. Ce qui veut dire qu'on ne peut pas faire deux choses à la fois. Sinon on prend le risque de mal faire l'une ou l'autre ou les deux. On dit aussi : Ne pas courir deux lièvres à la fois. Ou bien : Qui trop embrasse, mal étreint, etc.

68 Jaloux couomme un co cayen

Jaloux comme un coq de Cayenne
Le coq de race Cayenne est un coq de petite taille mais très agressif et très possessif. Il ne se laisse pas faire même par des gallinacés de plus grande taille. La poule est une bonne couveuse. Le coq veille.

69 Il est d'cheû là qui coprennent vite mais leu faut du temps

Il est de ceux-là qui comprennent vite mais il leur faut du temps
Plaisanterie qui signifie que quelqu'un n'est pas très malin : Il comprend vite mais il faut lui expliquer longtemps.

70 Donner à maquer à puches

Donner à manger aux puces
C'est aller se coucher, se mettre au lit.

71 Fatillé à matin en s'levant

Fatigué le matin en se levant
Se dit d'une personne fainéante qui est déjà fatiguée en levant une paupière.

72 Plate couomme eune écouffe

Plate comme une écouffe

Une *écouffe* est une planche plate qui sert à travailler le lin. Se dit donc d'une femme mince, plate, qui n'a pas de rondeurs, pas de seins, pas de fesses.

73 Il a eun quien qui gueule tout l'temps et eune femme qu'en fait autant

Il a un chien qui jappe tout le temps et une femme qui en fait autant

Se dit d'un homme dont l'épouse acariâtre lui crie toujours dessus pour un oui ou pour un non. Le chien n'a rien à voir là-dedans. Ce n'est qu'un prétexte pour renforcer l'impression de malheur et d'accablement de ce pauvre homme.

74 Teiles d'araignies, filles à marier

Toiles d'araignées, filles à marier

Les filles sont plus distraites et moins à leur ouvrage quand elles sont amoureuses et songent au mariage. Elles sont aussi plus souvent absentes de la maison parentale. Ce qui fait que les araignées, ne sont pas trop dérangées et s'en donnent à cœur joie. Quand le chat n'est pas là…

75 Hureux couomme eun cô dans un bingot

Heureux comme un coq dans un panier

Le bingot est un panier rond. On le garnissait de laine ou de chiffons et on le plaçait près du feu pour démarrer les petits poussins. Vous pensez bien qu'un coq choyé, au chaud, près du feu est heureux. On peut le traduire en français par heureux comme un coq en pâte.

76 Baptêmé aveuc eune queue d'mo'ue

Baptisé avec une queue de morue

Quand on a été baptisé avec une queue de morue salée, pas étonnant que l'on ait toujours soif et que l'on soit porté sur la boisson. Se dit d'un ivrogne.

77 Il a eune sacrée d'chente, j'aïm'rais pin la fai en véloce

Il a une sacrée descente, je n'aimerais pas la faire en vélo

Il a le gosier tellement en pente que je n'aimerais pas la descendre en vélo et encore moins la remonter. Se dit bien sûr de quelqu'un qui boit beaucoup.

78 I cante mieux qu'eun qu'va mais i court mins vite

Il chante mieux qu'un cheval mais il court moins vite

Se dit de quelqu'un qui parle beaucoup mais qui en fait beaucoup moins qu'il n'en dit comme dans l'expression : *Un grand diseu mais un petit faiseu.*

79 Alle a eune belle arrié man

Elle a une belle arrière main.

C'est un terme emprunté aux maquignons, les marchands de bestiaux. Au sens propre, on le dit d'une jument qui a une belle croupe (l'arrière main). Au sens figuré, se dit d'une dame qui a de belles fesses.

80 A tient mieux su l'dos qu'eune serpe

Elle tient mieux sur le dos qu'une serpe
Il n'est pas facile effectivement de faire tenir une serpe sur le dos de la lame. Se dit bien sûr d'une femme très portée sur les choses de l'amour.

81 Caleû comme eune culeuwe

Fainéant comme une couleuvre
La couleuvre, animal à sang froid, aime bien se chauffer et paresser au soleil.

82 Ne pin avei les deux cones dans l'mèime chabot

Ne pas avoir les deux cornes dans le même sabot
En français cela donne bien sûr : Ne pas avoir les deux pieds dans le même sabot.

83 Farme tan clapet, t'as assez vendu

Ferme ton clapet, tu as assez vendu
Tais-toi. Ferme-la, tu as déjà trop parlé.

84 Avei la crête rouoge couomme eune pione

Avoir la crête rouge comme une pivoine
Se dit d'une personne dont le visage devient rouge sous l'effet de la colère ou bien sous l'effet d'un abus de nourriture ou de boisson.

85 Avei l'fourquet dégagé

Avoir l'entrejambe dégagé

Avoir l'entrejambe dégagé et non coincé, c'est être souple. Au contraire, ne pas avoir le *fourquet* dégagé c'est être *eun p'tieu raide de la reintière* (un peu raide du bas des reins).

86 Eune commichion d'quien

Une commission de chien

C'est un faux prétexte pour aller chez quelqu'un se faire offrir un coup à boire ou pour tailler une bavette. S'utilise aussi pour les amoureux utilisant des prétextes futiles pour aller voir leur blonde. En normand on utilise le chien à bien des basses besognes. Ainsi *eun coup de teuléphone de quien* est un faux coup de téléphone, un faux prétexte pour savoir si vous êtes-là.

87 Les quiens ont maqué la boe

Les chiens ont mangé la boue

Cela veut dire en français qu'il a gelé fort et que la boue a disparu, elle est passé de l'état liquide à l'état solide.

88 Attaquer (ou amarrer) sen quien aveu des sachisses

Attacher son chien avec des saucisses

Attaquer ou *amarrer* c'est-à-dire attacher son chien avec des saucisses cela veut dire gaspiller. L'expression s'emploie le plus souvent au négatif. C'ti là, i n'attaque pin sen quien aveu des sachisses. Il est sérieux, économe, il ne *gabillonne* (gaspille) pas, il mène bien ses affaires. Selon certaines sources la saucisse serait une invention normande, comme la brioche, le pain brié, la pâte feuilletée, le boudin blanc...

89 Timber euddans les gades

Tomber dans les groseilles

Tomber dans les pommes. Perdre connaissance. A noter que le mot *gade* vient du viking *gaddr* qui veut dire épine. Certains auteurs affirment même que ce sont les Vikings qui ont introduit les groseilliers en Normandie.

90 A la Chaint Miquel tout le monde déménage

A la Saint Michel tout le monde déménage

Autrefois en Normandie les baux ruraux s'arrêtaient à la Saint Michel, le 29 septembre. Saint Michel étant le patron de la Normandie. Donc toutes les familles qui changeaient de propriétés à faire valoir déménageaient ce jour-là. Ce qui occasionnait parfois de beaux embouteillages, tous les chemins étant pleins de charrettes chargées à cul.

91 Alle est pin d'éffouche

Elle n'est pas farouche

Elle n'a pas froid aux yeux. Elle n'a pas peur du loup. Elle est de commerce facile. Expression qui se passe de commentaires.

92 Aller veir si i pieut ou aller fai d'l'iô

Aller voir s'il pleut ou aller faire de l'eau

Aller satisfaire un besoin naturel à l'extérieur.

93 Maqueûs d' poules crevées

Des mangeurs de poules crevées

Quand une poule crève, c'est de maladie ou tuée par le renard et on évite de la manger pour ne pas tomber malade également. Pour manger de la poule crevée faut vraiment être gueux et affamé. Des *maqueus* de poules crevées sont donc des "crèves la faim" comme on dit en français. Et quand l'expression est utilisée de façon vraiment très péjorative, on dit « des crèves la faim qui font les difficiles en plus ».

94 Fatillé à rien fé ou fatillé de ne rien fé

Fatigué à ne rien faire
S'applique bien sûr à un fainéant.

95 Occupe tei d'tei pis que d'tei

Occupe-toi de toi et que de toi
Occupe-toi de tes affaires et pas des affaires des autres. Proverbe bien normand n'est-il pas ?

96 Il entend tordu et i répète crochu

Il entend de travers et il répète encore plus de travers
C'est-à-dire qu'il ne comprend pas bien ce qu'on lui dit et en répétant, il altère encore plus les propos entendus.

97 Amoureuse comme eune catte en girou

Amoureuse comme une chatte en chaleur
C'est-à-dire frôleuse, câline, démonstrative, provocante et très caressante. Si vous avez déjà vu une chatte en chaleur, pas besoin de vous faire de "dessin". Elles sont très démonstratives.

98 Aveu li l'premier quien couéffé a toujou raison

Avec lui le premier chien coiffé a toujours raison
Dans cette expression familiale souvent entendue, nous sommes bien incapables d'expliquer ce qui est un chien coiffé. L'expression a donc pour signification : Avec lui le premier venu a toujours raison. Se dit de personnes qui n'écoutent pas les conseils de leur entourage mais suivent le conseil du premier venu.

99 Alle a eun cul d'jeument pouleinière

Elle a un cul de jument poulinière
Est-i bésoin d'traduire cha en franchais. Pas ? Les juments réservées à la reproduction étaient de belles bêtes dont l'arrière train était en conséquence. Se dit d'une femme qui a une belle croupe.

100 Avei des mollets d'cô

Avoir des mollets de coq
Avoir des jambes grêles.

101 Avei toujou deux chous qui vos grattent la fesse

Avoir toujours deux sous qui vous grattent la fesse
C'est être dépensier. Avoir toujours l'envie ou le besoin d'acheter.
Gabiller, maquer la s'maine pa les deux bouts.

102 Cache ten cul que j'maque men pain

Pousse ton cul que je mange mon pain (tranquillement)
Cette expression un peu vulgaire a pour signification en français : Cesse de me distraire que je puisse faire mon travail.

103 Peigneû d' quiens

Peigneur de chiens

Homme de peu, pauvre et qui vit de petits métiers. A ne pas confondre avec toiletteur pour chien qui est une profession honorable et exposée.

104 Y a des cu'és à qu'va su des bonnes sœus

Il y a des curés à cheval sur des bonnes sœurs

Ce n'est pas du tout une expression grivoise. C'est de la météo. Et oui ! Dans cette expression les curés ce sont des nuages noirs et les bonnes sœurs, des nuages blancs. Lorsque des nuages noirs chevauchent (à cheval sur) des nuages blancs, c'est un signe de pluie orageuse. Méfiez-vous.

105 J'vas m'couocher pou t'plainde

Je vais me coucher pour te plaindre

Se dit à quelqu'un qui passe son temps à se plaindre pour des riens.

106 En fait d'éfants vaut mieux l'coupe que la dozaine

En matière d'enfants, il vaut mieux le couple que la douzaine

En matière d'enfants il vaut mieux en avoir peu que trop. On peut mieux s'en occuper et leur accorder plus de temps et d'attention. *Pas ?*

107 Avei les pouquettes cousues

Avoir les poches cousues

Etre radin, bien sûr. Encore une expression ayant rapport à la radinerie. Comme si les Normands étaient radins. On croit rêver n'est-il pas ?

108 Eune tabe ou eune quaise qui chent les neuches

Une table ou une chaise qui sent les noces
C'est une table ou une chaise qui a un pied plus court que les autres, qui est bancale. Elle a envie de danser.

109 Gâter d'l'iao

Gâcher de l'eau
Aller uriner.

110 Avei eun cul d'jeument d'chent mille

Avoir un arrière train de jument de cent mille francs
Une jument de cent mille francs était une jument poulinière faite pour la reproduction donc avec une belle arrière-main. Se dit d'une dame qui a une belle croupe.

111 Avei l'diguet qui s'émouque

Avoir le sexe (masculin) qui chasse les mouches
Avoir un début d'érection. Signe d'excitation sexuelle chez le mâle.

112 Avei les gambes en tétèine

Avoir les jambes comme une tétine
Avoir les jambes molles, flageolantes.

113 Avei les pattes croches

Avoir les pattes crochues
Etre très près de ses sous. Radin. En français on dit plutôt avoir les doigts crochus.

114 Avei l'gui blue et la patte maleigne

Avoir la diarrhée bleue et la patte faible
C'est ne pas être dans son assiette. Ne pas être en forme. Couver quelque chose.

115 Avei eune téite eud pouchin mal coué

Avoir une tête de poussin mal couvé
Se dit d'un individu chétif, voire malformé comme un poussin qui a été mal couvé.

116 Bénéfiche net : chent sous d'perte

Bénéfice net : cent sous de perte
Situation de quelqu'un qui a imaginé, calculé, échafaudé toute une série d'opérations pour gagner de l'argent et qui ne voit pas ses rêves se réaliser. Perrette et le pot au lait par exemple.

117 Quand y a du crottin, y a du conin

Quand il y a de la crotte, y a du lapin
Similaire à l'expression française : Il n'y a pas de fumée sans feu.

118 Cha y va couomme eun d'vanté à eune souris grise

Cela lui va comme un tablier à une souris grise
N'ayant jamais vu de souris grise ou blanche avec un tablier, je fais confiance à la sapience normande.

119 Avei ches cauchons en cache

Avoir ses chaussons en chasse

Mettre ses chaussons en applatissant la tige, de façon à pouvoir les enfiler ou les enlever plus rapidement et plus facilement.

120 Avei des cuisses eud corbin d'couorse

Avoir des cuisses de corbeau de course

C'est bien sûr avoir la cuisse maigre. Si en plus vous avez des mollets d'cô (de coqs), vous n'êtes pas taillé pour la course à pied.

121 Avei les yus tétés à viaos

Avoir les yeux tétés par les veaux

Avoir des yeux rouges, chassieux. Ce n'est pas un signe de bonne hygiène ou de bonne santé. Les gens qui ne se lavent pas régulièrement et proprement le visage ont tendance à faire de la conjonctivite et à avoir les yeux chassieux.

122 Avei des babeines eud flie

Avoir des lèvres de patelle

A noter que le mot flie est d'origine viking. Il vient de *flida* et désigne la *patella vulgata,* un coquillage qui se colle sur les rochers et dont la bouche est impressionnante, extensible jusqu'à 1,5 fois la longueur de la coquille. Donc avoir des lèvres de *flie* (de patelle) c'est avoir de grosses lèvres. Des lèvres qui appellent le baiser. C'est très à la mode en cette époque de lèvres siliconées.

123 Beire en cogneu

Boire en bucheron

Boire en Suisse, en solitaire. Nous devons l'expression « boire en Suisse » à Stanislas Leczinski, roi déchu de Pologne et duc de Lorraine qui avait l'habitude pour se détendre et se libérer de ses obligations officielles, d'aller boire, en catimini, avec ses gardes suisses.

124 Bêite à mâquer du feurre

Bête à manger de la paille

Les Français disent plutôt : Bête à manger du foin. Mais cela revient au même. Etre bête comme un animal qui se nourrit de foin ou de paille, principalement les vaches, qui dans les campagnes autrefois n'étaient pas considérées comme brillant par l'intelligence. Surtout quand elles ruminent, elles n'ont pas l'air trop inspirées.

125 Bêite couomme eune ouée qui couve tout d'bout

Bête comme une oie qui couve debout

C'est sûr qu'en couvant debout l'oie ne risque pas de chauffer ses œufs et de les mener à l'éclosion. Se dit de quelqu'un qui est vraiment sot. J'ai entendu la même expression avec une dinde. *Bêite couomme eune dinde qui couve tout d'bout.* La dinde a une forte réputation de bêtise en Normandie. Et on utilise fréquemment le mot dinde pour désigner une imbécile. *Que dinde c'telle-là ! Que picot-bêite !*

126 Beire couomme eune tanche

Boire comme une tanche
Se dit de quelqu'un qui boit trop. Est-ce par comparaison avec la tanche qui est un poisson calme vivant dans des eaux tranquilles qui se nourrit la nuit et qui passe son temps, le jour, à ouvrir et fermer la bouche comme s'il buvait.

127 Ch'est eun beit sans sei

C'est un boit sans soif
C'est un ivrogne.

128 Brêlée coume eune brachie d'lieuse

Emmêlée comme une brassée de ficelle de lieuse
Si vous avez déjà essayé de démêler une poignée ou une brassée de fil de lieuse emmêlée, vous devez vous en souvenir. Le fil de lieuse, fil de mauvaise qualité plein d'aspérités qui s'accrochent continuellement quand on veut le démêler.
Ce qui fait que les bouts de ficelle ne veulent pas glisser les uns sur les autres.

129 Brider sen qu'vâ à gaoche

Passer la bride à son cheval à gauche
Être de mauvaise humeur, être grognon. En français on dit : S'être levé du pied gauche.

130 Berbis qui brâle (brêle) perd sa goulée

Brebis qui bêle perd sa bouchée de nourriture

Quand on ouvre la bouche en mangeant (n'est ce pas Monsieur du Corbeau), on prend le risque d'en perdre le contenu. Se dit aux enfants qui parlent trop à table, au lieu de manger, et qui se retrouvent ainsi sans dessert car tout le monde a fini de manger avant eux.

131 La bourrique a torné l'cu au fin

La bourrique, c'est-à-dire l'âne ou l'ânesse a tourné le cul au foin

C'est très mauvais signe. Ca va mal, les choses se gâtent. Ça peut-être aussi signe de maladie de la part d'un individu qui ne mange pas, qui n'a plus d'appétit.

132 Brûlé comme eun quien

Brûlé comme un chien

Ivre mort. Comme si les Normands s'adonnaient à la boisson.
Est des mentes touot cha. Pas ?

133 Cha y va couomme eun d'vanteû à eune vaque

Ça lui va comme un tablier à une vache

L'image est plaisante. Il est vrai qu'une vache avec un tablier, cela doit être le comble de l'élégance. Se dit, sans aucune méchanceté bien sûr, de quelqu'un qui est mal vêtu, sans élégance. Habillé comme l'as de pique. Au fait si quelqu'un peut m'expliquer pourquoi l'as de pique est mal vêtu, je suis tout ouïe.

134 Cha mouwe au feurre

Ça se remue à la paille

Allusion bien sûr au battage du grain autrefois. On louait la batteuse en fonction du temps de battage et il fallait faire très vite pour ne pas faire en deux jours ce que l'on pouvait faire en une journée. Ça comptait double. On s'agite, on remue beaucoup. L'expression est donc le signe d'une grande activité, mais elle peut bien sûr être utilisée de façon moqueuse dans le cas contraire.

135 Cat écaodé craint l'iao freide

Chat échaudé craint l'eau froide
Celui qui s'est fait prendre une fois devient méfiant et ne se fait pas reprendre une autre fois. Existe aussi sous la forme *Cat écaôdé craint l'iao caode*. Ce qui semble plus logique.

136 Cha n'a pin d'copie

Ça n'a pas de copie
Ca ne ressemble à rien. Ça n'a pas de sens.

137 Cha raguche les dents

Ça agace les dents
En fait à la place des dents, on devrait dire les gencives. Se dit d'un aliment très acide ou astringent qui agace, excite les gencives.

138 Couéffé aveuc eun pétard

Coiffé avec un pétard
Mal coiffé. Complètement ébouriffé. Comme si un pétard vous avait éclaté dans les cheveux et vous avait mis les cheveux dans tous les sens.

139 Clos couomme eune heuerche

Fermé comme une herse
Quand on connait la forme d'une herse, il est sûr que tout peut passer à travers, l'eau, le vent, la pluie, les objets et les animaux de petite taille. Ce n'est pas comme une porte qui fait normalement obstacle à tout ce que nous venons de citer. C'est donc un endroit ou quelque chose de mal clos, mal fermé qui laisse tout passer.

140 Laiterie overte rend les cats friands

Laiterie ouverte rend les chats friands

La laiterie c'était la pièce où l'on fabriquait le beurre et la crème. On l'appelait aussi la *cambrette.* L'expression, employée au sens propre, nous rappelle que si on laisse la laiterie ouverte, cela attire les chats qui sont très amateurs de lait. Par contre, au sens figuré, c'est un peu plus égrillard. La laiterie ouverte c'est un décolleté profond qui laisse apercevoir ou voir les seins d'une femme ou d'une jeune fille et cela attire les garçons bien évidemment ou tout du moins leur regard. « Quand Margot dégrafait son corsage… tous les gars du village étaient là… »

141 Divertichant couomme eul Merquedi des Chendes

Divertissant comme le Mercredi des Cendres

Le Mercredi des Cendres c'est le jour qui suit le Mardi gras. Le Mardi gras, lui, est comme vous le savez, un jour où l'on se divertit et où l'on fait la fête et où l'on mange bien (gras). Le Mercredi des Cendres, c'est le premier jour du Carême et des restrictions alimentaires qui l'accompagnent et ce pendant quarante jours. C'est effectivement un triste jour pour les Normands. Ne plus pouvoir manger tout ce qu'on veut. Ce n'est vraiment pas divertissant. *Pas ?*

142 Cha y va couomme eune quaine eud monte à eun colimachon

Ça lui va comme une chaine de montre à un escargot

Je n'ai jamais vu d'escargot avec une chaîne de montre. Mais même s'il était très élégant avec cet accoutrement ça ne l'aiderait guère dans ses déplacements. *Pas ?*

143 Toupiner couomme eun rhanneton au tierre

Tourner en rond comme un hanneton attaché à un fil

L'expression veut donc dire : ne pas tenir en place comme un hanneton attaché par une patte.
Quand nous étions enfants nous aimions attraper des hannetons et les attacher par une patte avec un fil fixé à un petit piquet ou bien que nous tenions à la main. C'était une de nos distractions. Le hanneton qui n'appréciait guère la plaisanterie et qui était très en colère ou effrayé, volait de façon fort nerveuse en faisant des cercles puisqu'il était attaché. A noter que le mot *tierre* est d'origine viking, il vient du mot *tjodr* qui désigne une corde pour attacher les chevaux.

144 Bouon roqu'teû, bié d'veneû

Bon rôteur, grandit bien

Cette expression s'applique aux bébés. Quand un bébé est nourri au sein ou au biberon et qu'il a fini de manger on attend qu'il fasse son rot. Autrefois nos grands-mères pensaient qu'un bon gros rot bien sonore était un signe de bonne santé et de vigueur et que le bébé pousserait bien. Ce n'est valable que pour les bébés, je vous préviens. Ne vous amusez pas à en faire autant car au lieu d'attirer l'admiration des foules sur votre état de santé ou votre vigueur, vous risquez d'attirer des regards malveillants.

145 Alle a l'cul terreû

Elle a le cul terreux

Ce n'est pas du tout ce que vous pensez. Ce n'est pas du tout une jeune fille qui serait tombé dans la boue. Non, on le dit d'une jeune fille à marier qui a beaucoup de propriétés terriennes et qui est donc un beau parti ou même un très beau parti. Comme quoi avoir le cul terreux n'est pas forcément un handicap pour démarrer dans la vie. Pas très élégant mais imagé.

146 Alle a l'fourquet rhat

Elle a l'entrejambe haut

Avoir l'entrejambe haut placé cela signifie que l'on a de grandes jambes.
No peut di d'Adriana Quaranteboeufs qu'alle a le fourquet rhat

147 Alle est d'la goule et du cul

Elle est de la gueule et du cul

Cette expression a deux significations. Au sens propre se dit d'une bête à vice qui cherche à mordre et à botter. On ne sait pas par quel bout l'aborder. Par devant, elle mord. Par derrière elle donne des coups de pied.
Le sens figuré est complètement différent. On le dit d'une femme portée sur la bonne chère et sur les plaisirs de l'amour. J'ai même entendu l'expression : *Alle est comme l'éfant Jésus, alle est d'la goule et du cul.* Je ne vois pas ce que viens faire l'enfant Jésus là dedans, si ce n'est pour la rime.

148 Aveir l'fu au cul

Avoir le feu au cul

Ce n'est pas du tout ce que vous pensez.
Cela veut dire être pressé de partir.
Donc vous pouvez demander à une dame si elle a le feu au cul.
Si elle est Normande vous ne recevrez pas de *pèque*. Elle répondra par oui ou par non.
Si elle n'est pas Normande, vous recevrez une claque. C'est un excellent moyen de savoir si vous avez affaire à une vraie Normande. *Passe que faot s'méfier. Pas ?* Il y en a qui trichent, qui font semblant d'être Normande, *pis ch'est des mentes.* Essayez vous verrez, ça marche.

149 Eun coup d'pied d'vaque

Un coup de pied de vache

Un coup de pied de vache, c'est une traîtrise. En effet le cheval et la vache ne donnent pas de coup de pied de la même façon. Pour le cheval c'est un coup de pied franc par l'arrière. Donc il suffit de faire un grand tour derrière la croupe si on n'est pas sûr de la bête. De plus très souvent le cheval prévient. Il se tourne, présente sa croupe quitte à vous bousculer un peu et fait souvent une petite croupade d'avertissement avant de frapper vraiment.
La vache, c'est très différent. Elle ne prévient pas, ne se tourne pas et vous donne un coup de pied latéral quand vous passez à côté d'elle.
Je crois qu'en français existe l'expression : un coup de pied **en** vache. En fait c'est un coup de pied **de** vache.

150 Euddans eun coupe faôt pin qu'eune deispeute passe l'éderdon

Dans un couple, il ne faut pas qu'une dispute dépasse l'édredon

Quelle sagesse ! Mais ma grand-mère était une dame de grande sapience. Dans un couple, quand on se dispute il faut se réconcilier sur l'oreiller. Sinon la rancœur s'installe et risque de l'emporter. Et petit à petit de détruire le couple. Donc ne l'oubliez pas. S'il y a une seule sentence que vous devez retenir, c'est celle-là. A noter que le mot *éderdon* est d'origine viking. Il vient de *ederduun* (en islandais *aedar,* en danois *eder*) qui désigne un oiseau nordique, l'eider, et *duun,* le duvet. Le mot est passé en français sous la forme édredon.

151 Eune vraie nuit d'carpentier ; touote la nit, la qu'ville dans l'trou

Une vraie nuit de charpentier ; toute la nuit, la cheville dans le trou

Est-il besoin d'éclairer votre lanterne ? Vous avez compris. La cheville c'est bien sûr le sexe masculin et le trou c'est le sexe féminin. C'est une vraie nuit de débauche. *Si vos vèyez çu qu'j'veux di.*

152 En fadrait toujou eun pou y cracher euddans les mains

Il faudrait toujours quelqu'un pour lui cracher dans les mains

On dit ça, bien sûr, d'un fainéant qui a toujours besoin qu'on lui pousse au derrière pour se mettre au travail.

153 Faut pin cacher deux lieuves à la feis

Il ne faut pas chasser deux lièvres à la fois

Il ne faut pas faire deux choses à la fois sinon on fait tout de travers. Synonyme de : Qui trop embrasse, mal étreint ; On ne peut pas être au four et au moulin.

154 Faut quitter breuler c'qui n'cuit pin pou sei

Il faut laisser brûler ce qui ne cuit pas pour soi

Proverbe, oh combien normand. Et qui illustre bien l'individualisme légendaire des Normands. En résumé *occupe-tei d'tei pis que d'tei.* S'occuper de ses affaires et non de celles des autres, semble vraiment important en Normandie. Les *gens d'nos gens* avaient dû lire les Evangiles. *Pas ?* Avant de regarder la paille dans l'œil du voisin… regarde la poutre qu'il y a dans le tien.

155 Ch'est le fin coupé

C'est le fin sommet

Le *coupé* en normand, c'est le sommet. Le *fin coupé* c'est le *nanan du nanan,* le fin du fin ou le top du top comme on dit en français moderne.

156 Il a pusse eud la mintié d'sen pain d'cuit

Il a plus de la moitié de son pain de cuit

Cela ne veut pas dire qu'il est boulanger et que la moitié de sa fournée est cuite. Non. Cela veut dire, de façon fort imagée, qu'il a vécu plus de la moitié de sa vie, qu'il a plus de cinquante ans. *Est pus eune janesse. Pas ?*

157 Avei du feur dans ches bottes (ou ches chabots)

Avoir de la paille dans ses bottes ou ses sabots

Autrefois, pour ne pas avoir froid aux pieds on tressait des semelles en paille que l'on mettait dans les sabots ou les bottes et qui isolaient les pieds du sol. Ces semelles de paille tressée s'appelaient des *fessènes.* Et donc par analogie, avoir de la paille dans ses sabots ou ses bottes cela veut dire : être à l'abri du besoin (du froid), à son aise, être riche.

158 Il (ou alle) a tété du lait d'mé

Il ou elle a tété du lait de mère

Il ou elle a tété le lait de sa mère et non celui d'une nourrice, signifie qu'il ou elle ressemble à sa mère. *Est sa mé touot récopie. Pas ?*

159 Soupe couomme eun verre eud lampe

Souple comme un verre de lampe

Essayez de tordre un verre de lampe, il casse. Donc l'expression sert à qualifier quelqu'un qui n'est pas souple, qui est raide.

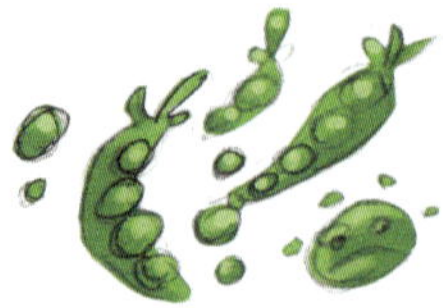

160 J t'ai ti vendu des peis qu'ont pin cuit ?

T'ai-je vendu des pois qui n'ont pas cuit ?

L'expression n'a rien à voir avec des relations commerciales sur le marché de Pont-Audemer ou du Neubourg. Non. On dit cela à quelqu'un qui vous regarde de travers ou avec insistance comme s'il ne vous avait jamais vu d'où cette autre expression : *J'ai-ti le trou du cul en pièche du nez.* »

161 J m'en vas t'artorner l'morfi

Je vais te retourner le morfil

Lorsque l'on aiguise un couteau ou toute autre lame métallique, il subsiste toute une série de petites aspérités métalliques qui penchent d'ailleurs d'un côté ou de l'autre. C'est le morfil. Pour affiner l'affutage, il convient d'éliminer le morfil. Si on vous retourne le morfil ça veut bien sûr dire que l'on va vous retourner vos petites aspérités d'humeur. C'est-à-dire que l'on va vous en mettre une d'un côté ou de l'autre, voire des deux afin de, vous affiner le caractère. Il va sans dire que c'était plutôt mon grand père qui disait ça vu qu'il était boucher.

162 Mette la cueulotte su l'lit

Mettre la (sa) culotte sur le lit

Se dit par dérision d'une femme qui a beaucoup d'enfants. Elle est tellement féconde qu'il suffit simplement de mettre la culotte du mari sur le lit pour qu'elle soit enceinte. Il n'y a même pas besoin que le mari soit là. C'est vous dire ! Il y a une autre expression du même genre disant que le mari n'a même pas besoin de poser culotte et pantalon que c'est déjà fait rien qu'en entrant dans la chambre.

163 Eune pouomme à matin, éloigne eul méd'chin

une pomme le matin éloigne le médecin

La consommation journalière de pommes (ou d'autres fruits) nous maintient en bonne santé et prévient les maladies. A rapprocher de : cinq fruits et légumes par jour. Quelle sagesse avaient nos grands mères.

164 La tite pouomme qui s'épleuque touote seule

La petite pomme qui s'épluche toute seule

C'est une personne qui se met en valeur, qui se vante, qui parle beaucoup d'elle-même.

165 No est pin en fourre d'oué

On n'est pas en crotte d'oie

La crotte d'oie étant très soluble dans l'eau comme tout le monde le sait (ou devrait le savoir), elle disparait à la première averse. L'expression s'utilise lorsqu'il pleut et que cette pluie n'est pas trop intense. Elle veut dire : pas besoin de se mettre à l'abri pour une petite averse. En français cela doit pouvoir se traduire par « on n'est pas en sucre. »

166 Avei les yus pusse graints qu'eul vente

Avoir les yeux plus grands que le ventre

On utilise souvent cette expression pour désigner les enfants qui demandent, lorsqu'on les sert, plus de nourriture qu'ils ne peuvent en manger. Se dit aussi pour les plus grands qui se servent trop et qui en laissent dans leurs assiettes. Des gaspilleurs. L'expression s'utilise au sens propre, la nourriture, comme au sens figuré, les autres aspects de l'activité humaine déclenchant l'envie.

167 Y en a autant couomme autant

Il y en a autant que vous en voulez

Il y en a une très grande quantité. A profusion.

168 T'as peu qu'l'ovrâge i fache mal à dos

T'as peur que le travail te fasse mal au dos

Se dit à quelqu'un poussé par un vent calme, un peu fainéant sur les bords et qui hésite à se mettre au travail.

169 Y a-t-i queuque chaose eud dû ?

Y a-t-il quelque chose à payer ?

S'il y a une expression bien normande et qui résume tout l'esprit normand, c'est bien celle-là que le conteur Jehan Le Povremoyne, repris par l'abbé Alexandre, excellait à raconter dans sa partie de dominos. Elle se dit quand on sort du café ou du restaurant pour savoir ce que l'on doit. Y a-t-il quelque chose à payer ? Des fois que quelqu'un ait payé à votre place ou bien que le patron fasse cadeau de la note. On peut toujours rêver. *Pas ?* Pis ça au moins ça ne coute pas cher.

170 Touot ch'qu'est payé a t-i été bu ?

Tout ce qui a été payé a t-il été bu ?

Se dit lorsque l'on quitte un café. C'est à la fois une formule rituelle et pis sait-on jamais ? Des fois qu'il reste des consommations payées qui n'auraient pas été bues. Il ne faut pas rêver tout de même. Et puis s'il y en avait, vous connaissez un patron qui le dirait, vous ? *Dites-mei le et j'irai beire eun couop cheu li. Pas ?*

171 Tumber de la pelle dans l'fu

Tomber de la poêle dans le feu

Tomber de Charybde en Scylla, tomber de mal en pis. Voir sa situation s'aggraver.

172 T'as pin oco vu la bêite qui t'mâquera

Tu n'as pas encore vu la bête qui te mangera

Si tu n'as pas encore vu la bête qui te mangera c'est donc que tu n'as pas encore tout vu. Se dit à quelqu'un qui sait tout, qui a tout vu.

173 Fé eun boujou à pinchette

Faire un baiser à pincette

Il s'agit de faire un baiser sur la bouche. Comme font les petits enfants quand ils vous pincent les joues pour vous faire un baiser sur le nez ou la bouche.

174 T'as peu qu'eul pain t'fache mal à dos ?

As-tu peur que le pain ne te fasse mal au dos ?

Se dit à quelqu'un qui mange peu, qui picore et qui épluche ce qu'il a dans son assiette. *Eun plucoteû.* Un bec à miettes.

175 Ni la filache près du tison, ni la file près du garchon

Ni la filasse près du tison, ni la fille près du garçon

La filasse était faite avec du chanvre. On utilisait les grands brins de chanvre pour fabriquer les cordes, les brins plus courts servaient à faire de la filasse et avec les résidus de filasse et les débris de fils de chanvre on faisait de l'étoupe. Avec cette filasse on réalisait des joints pour la plomberie. Avec l'étoupe on étanchait les navires et on allumait le feu. Il n'y a rien de plus inflammable que la filasse et l'étoupe lorsqu'elles sont bien sèches. Donc ne jamais laisser trainer de la filasse à proximité des braises si l'on ne veut pas qu'elle s'enflamme. De même, il n'y a rien de plus inflammable qu'une fille lorsqu'elle est près d'un garçon. *Pas ?*

176 Vaut mieux y argarder les mains qu'les pieds

Il vaut mieux lui regarder les mains que les pieds

Se dit d'une personne qui a tendance à laisser ses mains s'égarer sur le bien d'autrui. Donc lorsqu'un cleptomane vous quitte ou qu'il quitte votre maison, il vaut mieux lui inspecter les mains (ou les poches) afin de vérifier qu'il ne vous a rien emprunté accidentellement. Bien sûr.

177 No z-acate pin eun cat dans eune pouque

On n' achete point un chat dans un sac de jute

Ne pas acheter n'importe quoi sans regarder la marchandise. Ne pas se faire rouler facilement. Il faut être méfiant et bien examiner le bien dont on fait l'acquisition.

178 **No en fait l'tou en pissant**

On en fait le tour en pissant
Se dit d'un terrain ou d'une propriété qui n'est vraiment pas très grande et dont on a vite fait le tour (rien qu'en pissant, c'est vous dire).

179 **Est pin eun métier à vieuilles gens**

Ce n'est pas un métier pour personnes âgées
Ce n'est pas une activité pour vieux. Se dit en parlant de l'activité sexuelle. *Cha s'fait pus à n's âges. Pas ?* Mais faut se méfier de l'eau qui dort. On a parfois des surprises.

180 **Cavaler couomme eun cat maigue**

Courir comme un chat maigre
Courir dans tous les sens. Etre très affairé. Un chat maigre a faim et doit chercher de la nourriture, avec rapidité, non embarrassé par l'embonpoint.

181 **Si t'as besoin d'fourre de quien t'as qu'à li mette eun panier au cul**

Si tu as besoin de crotte de chien, t'as qu'à lui mettre un panier au cul
Les crottes de chien (encore ce pauvre chien qui est mis à toutes les sauces) en cette occurrence, sont des mouchardages, des ragots, des médisances. On utilise donc cette sentence pour parler de quelqu'un qui moucharde.

182 **Ch'est eun fû d'veuve qu'tu nos as fait**

C'est un feu de veuve que tu nous as fait
Un feu de veuve est un feu qui n'est pas très actif et qui ne chauffe pas beaucoup. Allusion à la difficulté qu'avaient autrefois les veuves pour se procurer et manipuler de grosses bûches permettant de grands feux chauffant et éclairant bien. Il fallait la force physique d'un homme pour abattre puis débiter des morceaux de bois de belle taille et en suffisance.

183 Pusse aisé à occuper qu'a nourri

Plus facile à occuper qu'à nourrir

Se dit d'un fainéant mais qui mange bien. Il est plus facile de lui trouver une occupation vu qu'il ne fait rien ou pas grand-chose que d'arriver à satisfaire son appétit qui est plus grand que son intérêt pour la besogne.

184 Est pin l'touot que d'trainner l'seir faut s'déliter dreit l'matin

Ce n'est pas le tout que de trainer le soir mais faut se lever le matin de bonne heure

Est-il besoin de traduire ? C'est une phrase que nous avons entendu bien des fois, adolescents ou jeunes adultes dès que nous sortions le soir avec les copains et les copines pour rentrer à point d'heure. Mais quand il fallait se lever le matin de bonne heure pour aller travailler, ce n'était pas la même chanson. C'est toujours d'actualité.

185 Frôleu couomme eun viu cu'é

Frôleur comme un vieux curé

Maintenant qu'il n'y a plus beaucoup de curés il n'est pas facile de vérifier la véracité de cette sentence. Mais faisons confiance à ma grand-mère, elle s'y connaissait en vieux curés.

186 Aveir eune goule à enforner eun pain d'six lives

Avoir une bouche à avaler un pain de six livres

Avoir une grande bouche. Un pain de six livres, c'est-à-dire de trois kilos, était un grand pain rond ou en forme de couronne. Ça représentait un joli volume. Pour l'enfourner il fallait vraiment avoir une grande bouche.

187 S'fai rincher la dalle

Se faire rincer la dalle

Se faire payer une tournée par quelqu'un. Un coup à boire gratuit démarre bien une journée. A noter que dalle vient du scandinave *daella* qui veut dire tranchée, auge. En normand une dalle c'est le tuyau d'évacuation des eaux usées ou l'évier creusé dans une seule grande pierre. D'où l'expression rincer la dalle.

188 S'acculer à beire

Rester assis à boire

S'acculer, c'est s'asseoir sur son derrière. *S'acculer* à boire, c'est ne plus lever son postérieur pour faire autre chose que boire. C'est passer son temps à boire.

189 Trover la porte su l'seu

Trouver la porte sur le seuil

C'est trouver porte close.

190 Autant qu'eun cu'é peut en béni

Autant qu'un curé peut en bénir

Désigne une très, très grande quantité car les curés pouvaient bénir des assemblées entières, de grands rassemblements d'hommes, de véhicules, de bateaux...

191 L'maovais temps est l'sien qui dure trop lotemps

Le mauvais temps c'est celui qui dure trop longtemps

Le mauvais temps ce n'est pas la pluie ou bien le gel, le froid, la neige ou la chaleur. Tout est nécessaire et a son utilité. Par contre si l'un ou l'autre de ces événements climatiques dure trop longtemps, c'est du mauvais temps.

192 Alle est pin fachile à atteler

Elle n'est pas facile à atteler

Au sens propre se dit bien sûr d'une jument qui ne se laisse pas atteler facilement. Au sens figuré l'expression désigne une jeune fille ou une femme au caractère affirmé et qui n'est pas facile à marier.
Dans le second cas on ajoute généralement : ***mais bien bridée, alle ira loin.*** Ce qui signifie que si elle trouve quelqu'un qui sait la prendre, elle fera une excellente épouse douce et aimante.

193 C'ti-là qui crache en l'ai cha y r'timbe toujou su la goule

Celui qui crache en l'air, ça lui retombe toujours sur la figure

Cette sentence s'applique aux gens qui *s'alosent* (qui se vantent) et qui risquent toujours d'être victime de leurs vantardises.

194 Avei des babeines couomme des arbords d'pot d'cambre

Avoir des lèvres comme des rebords de pot de chambre

Avoir des lèvres charnues. Expression de plus en plus d'actualité avec la mode des lèvres siliconées.

195 Eun ma'iage pingeon

Un mariage pigeon

Un mariage pigeon c'est un mariage (ou un couple) dans lequel l'homme est plus beau que la femme. Pourquoi pigeon ? Mystère, car chez beaucoup d'oiseaux, le mâle est plus beau que la femelle ce qui ne semble pas être le cas chez le pigeon.

196 Est pin qu'no seit cu'ieû mais no ai-ime bié savei. Pas ?

Ce n'est pas que l'on soit curieux mais on aime bien savoir. N'est ce pas ?

Expression que l'on utilise lorsque l'on demande des informations sur quelqu'un. Même si elles sont un peu indiscrètes.

197 Aveir des yus à fé saoter les botons d'brayette

Avoir des yeux à faire sauter des boutons de braguette

Avoir de beaux yeux, un regard sensuel, provocant voire prometteur et qui peut faire imaginer plein de choses à celui qui les regarde. Des yeux à faire damner un saint.

198 A la feire, y a pus d'un âne qui s'nomme Martin

A la foire, il y a plus d'un âne qui s'appelle Martin

Allusion aux gens qui portent le même nom de famille car autrefois, l'habitude était de prénommer fréquemment les ânes Martin.

199 Ete couomme eune poule eudvant eun cannard

Etre comme une poule devant un canard

Etre embarrassé, ne pas savoir quoi faire devant une situation inattendue.

200 Les femmes ch'est couomme les ormeaux pusse no les bat, pus ch'est tende

Les femmes c'est comme les ormeaux plus on les bat plus c'est tendre

C'est un petit dicton de derrière les fagots pour faire plaisir, bien sûr, à nos amies féministes. *Est pin ma grand'mé qu'arait dit cha. Pas ? Cha s'rait putôt l'grand'pé.* L'ormeau ou oreille de mer est un coquillage, un des meilleurs, un vrai délice. Mais il faut le battre avec force et longtemps avec un manche de bois pour l'attendrir. Plus on le bat et plus il est tendre. C'est un met très apprécié dans le Cotentin.

201 N'aveir pin freid à z'o'eilles

Ne pas avoir froid aux oreilles

Lorsqu'on boit trop on a les oreilles rouges et chaudes.

202 Cha s'règlera aote part qu'à la neuche

Cela se règlera autre part qu'à la noce

Lorsque l'on a été blessé ou insulté par quelqu'un (surtout en public), on l'avertit que notre différent se règlera un autre jour et à un autre endroit qu'ici. On en tirera vengeance. Les Normands sont vindicatifs. *Pas ?*

203 Les leus s'maquent pin entr'eux

Les loups ne se mangent pas entre eux

Les gens qui ont les mêmes intérêts se soutiennent. Les corporatismes sont très puissants et les gens d'une même profession ou d'un même statut social se protègent entre eux. C'est valable aussi pour les religions ou d'autres organisations.

204 L'Bon Diu y a rien muché

Le Bon Dieu ne lui a rien caché

C'est une sentence que l'on utilise pour désigner une personne, surtout un enfant, qui est particulièrement doué ou intelligent ; qui a l'esprit vif. *Qu'est bié dégouginé.*

205 Avei eun ai d'en avei deux

Avoir un air d'en avoir deux

On utilise cette expression pour qualifier quelqu'un qui manque de franchise, un "faux cul".

206 Eun coup su l'cochon, eun coup su l'quercan

Un coup sur le cochon, un coup sur le carcan

Le carcan était une pièce de bois que l'on installait autour du cou des cochons pour les empêcher de *broquer* (passer) à travers les clôtures ou les haies. L'expression signifie que l'on fait des gestes désordonnés, un coup on tape à droite, un coup on tape à gauche.

207 Vaot mieus y veir couomme cha qu'pin eune touote

Il vaut y voir comme ça que pas du tout.

Se dit lorsque l'on retrouve un objet que l'on cherche depuis longtemps et qu'on l'avait sous les yeux.

208 Il est couomme les tits quiens, i gueule de louen

Il est comme les petits chiens, il aboie de loin

En vérité, est pin ma grand'mé, est ma copeine Antoinette qui m'l'a conté c't elle là. Les petits chiens ont de la goule. Ils aboient facilement lorsqu'on est loin mais lorsqu'on approche d'eux, on ne les entend plus. Ils se défilent. Au sens figuré on applique cette phrase aux gens qui sont très bavards lorsque le danger est loin mais que l'on entend beaucoup moins lorsque le danger est là.

209 Eun viû bouquin et eune jane rhase n'font qu'eud tristes lapins

Un vieux lièvre et une jeune hase ne font que de tristes petits

Cette sentence fait référence au mariage entre un homme âgé et une jeune fille et semble assez pessimiste sur la santé des futurs enfants. Mais pas sur l'avenir du couple. Pourtant ce serait plutôt l'inverse qui me préoccuperait. Il est vrai que la médecine fait tellement de progrès...
Ils ne doivent pas connaître cette sentence dans le monde du "chaud bise".

210 Z-éfants, ch'est l'Bouon Diu à prende et l'diabe à rende

Les enfants, c'est le Bon Dieu à prendre et le diable à rendre

C'est bien sûr une parole de femmes faisant allusion à la conception des enfants. D'abord si agréable à concevoir (c'est le Bon Dieu) mais ensuite si désagréable (voire pire) alors de l'accouchement.

211 A tient mieux su l'dos qu'eune vaque su les cones

Elle tient mieux sur le dos qu'une vache sur les cornes

Si vous avez déjà vu une vache tenir sur les cornes. Appelez-moi.
On utilise cette sentence pour désigner une femme qui est très portée sur les choses de l'amour et qui est plus souvent allongée que debout.

212 Est pusse aisé d'encorser l'manche qu'eud rende eul maillot

Il est plus facile d'avaler l'manche que de rendre le maillet

Cette phrase fait allusion bien sûr à la conception des enfants. Beaucoup plus agréable à commencer qu'à finir. La sentence fait allusion à des formes géométriques suggestives et fort explicites dans ce cas-là.

213 Alle a la cuiche hospitalière

Elle a la cuisse accueillante

Se dit bien sûr d'une femme portée sur l'amour et qui n'est pas farouche. On peut même dire aimant venir en aide à l'humanité souffrante.

214 I fait eun freid d'voleus

Il fait un froid de voleurs

Les grands froids font sortir du bois les loups mais aussi les voleurs et cela pour les mêmes raisons. Il n'y a plus rien à manger dans les bois, tous les animaux se terrent, hibernent et il faut essayer de se rapprocher des habitations pour essayer de glaner, de voler de la nourriture.

215 I fait eun temps d'quien

Il fait un temps de chien

Il fait mauvais temps, il pleut, il vente. On a froid, on est trempé. C'est un temps à ne pas sortir un chien. Et donc encore moins un humain. Les chiens dormaient dehors dans une niche et étaient donc plus habitués aux mauvaises conditions météo que nous.

216 I fait eun freid d'quien

Il fait un froid de chien

Il fait très froid. Il fait un froid à ne pas sortir un chien. C'est encore pire qu'un temps de chien. C'est vous dire.

217 Mieux vaut tâter qu'argarder

Il vaut mieux tâter que regarder

Au sens propre. Autrefois lorsque l'on achetait un animal, une poule ou un lapin sur le marché ou même une vache ou un veau, il valait mieux tâter l'animal pour voir s'il était bien gras ou maigre, si il était bien fait, sans malformation, la peau bien souple, etc.
Au sens figuré cela concerne les humains et les rapports entre les hommes et les femmes. C'est une excuse, un prétexte pour tâter, on dirait peloter en français moderne, son ou sa partenaire.

218 Ete de la goule couomme eune bourre de farme

Etre de la goule comme une cane de ferme

Etre très gourmand. Les canards et les canes sont réputés pour leur gourmandise voire leur gloutonnerie naturelle qui est à l'origine du gavage et de leur foie gras. C'est d'abord un animal migrateur et pour faire le voyage, il fallait qu'il emmagasine de la nourriture. Cette gourmandise naturelle est renforcée par la domestication. L'homme a sélectionné des races de plus en plus gloutonnes et les canards de ferme sont de nos jours particulièrement voraces. Cette sentence s'applique bien sûr aux personnes très gourmandes.

219 Bardi Barda, la vaque est dans les pois

Bardi, barda, la vache est dans les pois

Cela signifie qu'il est arrivé un malheur. Autrefois dans les fermes quand une ou plusieurs vaches faisaient une *écappée* (échappée) dans les pois ou dans la luzerne, c'était un malheur. En effet si elles en mangeaient trop, et elles ne s'en privaient pas, cela les rendait malades. Elles gonflaient et si on ne les perçait pas rapidement avec un trocart elles en mourraient. C'était donc un malheur pour les fermiers.

220 A toute vitèche couomme eune catte pleuse euddans eun barri d'godron

A toute vitesse comme une chenille dans un baril de goudron

Une chenille, déjà naturellement, ça ne va pas très vite mais en plus engluée dans du goudron, ça bat des records de lenteur. On utilise l'expression pour qualifier quelqu'un qui ne va pas vite. Qui se hâte avec lenteur.

221 Cha fait pus d'byin qu'eun coup d'pied au cul

Ça fait plus de bien qu'un coup de pied au cul

On utilise cette expression lorsqu'on a fait un bon repas et pour montrer sa satisfaction. Le Normand utilise souvent l'antithèse, le contraire de ce qu'il veut exprimer en réalité. On peut l'utiliser aussi lorsque l'on a soif et que l'on se désaltère.

222 Pachient couomme eun cat qui s'breule

Patient comme un chat qui se brûle

Si vous avez déjà vu un chat qui se brûle, le moins que l'on puisse dire c'est qu'il manque de patience. Il pousse un cri strident et saute au plafond.

223 Marcher d'travers couomme eun quien qui s'en va à la messe

Marcher en biais comme un chien qui s'en va à la messe

Les chiens n'ayant pas un sens religieux très prononcé, ils ne sont pas très pressés quand ils vont à la messe... Et un chien pas pressé, qui gambade tranquillement, marche de travers. Certaines races de chiens le font d'ailleurs plus que d'autres. On utilise cette expression pour qualifier la démarche de quelqu'un qui a trop abusé de la bouteille et qui est incapable de marcher droit.

224 Avei des mans d'beurre

Avoir des mains de beurre

C'est être très maladroit et faire tomber les objets.

225 Ête logé su sei

Etre logé sur soi

Etre propriétaire de son logement. On sait combien les Normands sont attachés à la propriété. Donc *être logé su sei,* c'est être quelqu'un qui a du bien et en conséquence quelqu'un de bien.

226 Qui qu'i r'tourne ?

De quoi qu'il retourne

Que se passe t-il ? Qu'y a-t-il ? Y aurait-il quelque chose que j'ignore, que je ne sais pas ?

227 Y a du pied euddans la cauchette

Il y a du pied dans la chaussette

Si le pied est déjà bien engagé à l'intérieur de la chaussette cela signifie que le travail à faire est déjà bien avancé.

228 Cha va pin ête aisé d'y passer la croupière

Il ne va pas être facile de lui passer la croupière

Au sens propre on dit cela d'un cheval ou d'une jument qui n'est pas de caractère facile. La croupière c'est la partie du harnais qui passe sous la queue du cheval et qui est attachée à la selle. Certains chevaux ont horreur qu'on leur soulève la queue pour y placer cette courroie inconfortable.
Au sens figuré on utilise l'expression pour désigner une femme de caractère affirmé, pas commode, et qui sera difficile à marier.

229 Cha s'fera à Pâques ou à la Pannecôte

Ça se fera à Pâques ou à la Pentecôte

Reporter l'exécution d'un travail aux calendes grecques quand on n'a pas très envie ou le temps de le faire. Ça se fera en son temps. Existe aussi sous la forme : ***Si ch'est pin à Pâques cha s'ra à la Pannecôte.***

230 Ch'est li qu'a les bertelles mais ch'est alle qui porte la cueulotte

C'est lui qui a les bretelles mais c'est elle qui porte la culotte

Bien que ce soit lui qui porte les bretelles et le pantalon c'est elle qui commande à la maison. On dit ça d'une femme autoritaire bien sûr.

231 Mort souaitée, mort artardée

Mort souhaitée, mort retardée

Souhaiter la mort de quelqu'un, la retarde. Surtout si on le souhaite très fort comme les héritiers qui attendent en *toupinant,* ça doit sembler bien plus long. *Pas ?*

232 Ête eun gratteû d'couoilles eud quiens

Etre un gratteur de couilles de chien.
Se dit d'un fainéant, un bon à rien.

233 Que Dieu te béniche, Qu'i t'fasse eul nez couomme j'ons la cuiche, Le menton couomme j'ons l'croupion, Et le reste en proporchion

Que Dieu te bénisse,
Qu'il te fasse le nez comme j'ai la cuisse,
Le menton comme j'ai le derrière,
Et le reste en proportion
C'est une formule de politesse que l'on dit à quelqu'un qui vient d'éternuer. Cela veut dire « A tes souhaits » en français.

234 Vaut mieux ête sâ eune jornèye qu'ête bêite cha vie durant

Il vaut mieux être saoul une journée qu'être bête toute sa vie
C'était plutôt mon grand-père qui disait cela quand il était saoul.

235 Y a pin d'quei morde cha belle-mé au vente

Il n'y a pas de quoi mordre sa belle-mère au ventre
Ce n'est pas la peine d'en faire un drame. Il n'y a pas de quoi faire une histoire pour des choses sans importance.

236 Est toujou l' même tintouin

C'est toujours la même chose

C'est toujours la même histoire.

237 Boujou leunettes, adieu fillettes

Bonjour lunettes, adieu fillettes

Quand on commence à chausser des lunettes, entre quarante et cinquante ans cela veut dire que l'on commence à prendre de l'âge. Et donc ce n'est plus le temps de courir après les fillettes.
Ceci est la version masculine. Car cette sentence a une version féminine que voici :

Boujou leunettes, adieu quéquettes

C'est nettement moins romantique mais ça reste malgré tout très imagé.

238 Alle est pin fachile à traire

Elle n'est pas facile à traire

Au sens propre se dit d'une vache qui a mauvais caractère et qui n'aime pas se laisser traire. Au sens figuré on le dit d'une femme qui a un caractère affirmé, qui n'est pas commode.

239 Balier eudvant san huis

Balayer devant sa porte

Avant de s'occuper des affaires des autres et de critiquer, il vaut mieux commencer par faire le ménage chez soi. "Au lieu de t'occuper de la paille qui est dans l'œil du voisin, retire la poutre qui est dans le tien".

240 Tèiter couomme des viaos

Téter comme des veaux

C'est, bien sûr, boire sans modération aucune.

241 Avei des yus à la perdichion d'sen âme

Avoir des yeux à la perdition de son âme

Avoir de très beaux yeux. Tellement beaux qu'ils font perdre la tête aux garçons.

242 Cu'ieû couomme eune vieuille bourre

Curieux comme une vieille cane

Les canards et les canes sont équipés d'un long cou qui leur permet d'aller fouiner dans des endroits interdits aux autres animaux ; les poules par exemple. Et les canes ne s'en privent pas. Elles sont toujours à enfiler leur tête dans les trous pour chercher leur nourriture.

243 Cu'ieû couomme eun pitois (ou eune foueine)

Curieux comme un putois (ou une fouine)

Tous les mustélidés sont très curieux. Et de cette réputation de grande curiosité sont issus les mots fouineur et fouiner.

244 S'creire couomme eune vaque attelée

Se croire comme une vache attelée

Se prendre pour quelqu'un d'important. D'ordinaire on n'attèle pas les vaches mais on attèle les chevaux . Chevaux qui ont droit à toute l'attention du maître. Et qui ont beaucoup d'importance dans l'exploitation.

245 Ch'est la famille à Riquiqui. Pusse i sont, mens i valent

C'est la famille à Riquiqui. Plus ils sont, moins ils valent

Allusion aux familles nombreuses. Plus les enfants sont nombreux et bien sûr moins les parents peuvent s'occuper d'eux. D'où les risques de délinquance petite ou grande.

246 Treis jous devant, treis jous amprès, Notre Dame d'août baille cha marée

Trois jours avant, trois jours après, Notre Dame d'août donne sa marée

Allusion au mauvais temps qu'il fait aux alentours du 15 aout. Il pleut dans les trois jours avant le 15 aout ou bien dans les trois jours après. Des fois les deux.

247 Coinquer couomme eun quétou qu'a la quoue prinse

Crier comme un cochon qu'a la queue prise

Coinquer c'est crier mais en rouspétant. Un cochon qui a la queue prise dans une barrière ou une porte ne s'en prive pas. Et en plus de ça avec des cris fort aigus.

248 Maovais couomme eun pitois

Mauvais comme un putois

Les mustélidés, putois, fouine, martre… sont des animaux très agressifs. Mais le putois encore plus car il n'hésite pas à s'attaquer à des animaux plus gros que lui.

Cette réputation de mauvaiseté peut-être due aussi à ce qu'il sent très mauvais. Lorsqu'il a peur il laisse échapper de ses glandes anales un produit, sous forme d'aérosol, dont l'odeur est insupportable. Putois en français vient de puer.

249 Souord couomme eune bouèse

Sourd comme une bûche

Il est vrai qu'on peut causer à une bûche pendant des heures, elle ne répond pas. Et même si on lui fait mal en la coupant ou la fendant elle ne pousse pas un cri.

250 Freid couomme eune fourre de cat

Froid comme une crotte de chat

Je vais vous avouer mon embarras : je n'ai jamais cherché à vérifier. Je fais confiance en l'occurrence. On dit aussi que le cul d'un chat est froid. Peut-être parce qu'il passe des heures assis sur son cul à guetter. C'est peut-être pour ça que la crotte de chat est froide.

25 Sale couomme eune rhuppe

Sale comme une huppe

La huppe a gagné sa réputation de saleté pour deux raisons. La première raison est relative à son alimentation. La huppe est insectivore mais elle a un faible pour les insectes qui colonisent les bouses de vaches et autres productions animales.

La deuxième raison tient à son mode de nidification. En effet elle ne nettoie pas ses déjections et celles de ses petits. De ce fait son nid dégage bientôt une odeur pestilentielle qui a l'avantage d'éloigner les prédateurs. Donc être sale comme une huppe c'est être vraiment très sale à double titre.

252 Quier dans les balanches

Chier dans les balances

Ça ne doit pas être aisé et ça doit nécessiter de l'entrainement mais heureusement l'expression ne doit pas être prise au sens propre. En effet chier dans les balances c'est, pour un commerçant, faire de mauvaises affaires. Faire faillite.

253 Frisé couomme eun rharuchon

Frisé comme un hérisson

Le hérisson étant recouvert de piquants bien droits et bien raides ne peut pas être frisé. C'est donc une fois de plus une antithèse. Cela veut dire que la personne a des cheveux raides et pas frisés du tout.

254 Avei des o'eilles en quien d'cache

Avoir des oreilles en chien de chasse

Avoir les oreilles décollées, comme un chien de chasse attentif.

255 Rharuché couomme eun émouquet qu'a l'gui

Ebouriffé comme un épervier qui a la diarrhée

Un épervier qui a la diarrhée, est une bête malade qui a peut-être de la fièvre et dont les plumes ne sont plus lubrifiées par les glandes ad hoc. Elles ne sont plus lissées par leur propriétaire. Elles sont toute ébouriffées. Il est hirsute.

256 Pouché pa eun vent calme

Poussé par un vent calme

Un navire (à voile) poussé par un vent calme ne va pas vite et n'abat pas beaucoup de route dans la journée. Même chose pour les humains. Se dit de quelqu'un qui est lent, qui n'est pas pressé qui n'abat pas beaucoup d'ouvrage dans la journée. Un fainéant.

257 Ch'est eun cul d'plomb

C'est un cul de plomb

C'est bien sûr avoir le cul lourd et avoir du mal à le déplacer. On utilise cette phrase pour désigner un fainéant, quelqu'un qui a du mal à se lever, à se bouger.

258 Ch'est eune cuchendron

C'est une "cul dans la cendre"

Une "cuchendron" est une femme qui aime rester près de la cheminée, au chaud, le cul dans la cendre. Quelqu'un qui n'aime pas sortir dehors, dans le froid. On utilise cette expression pour caractériser les casaniers.

259 Est eun vrai cul chans mans

C'est un vrai cul sans mains

Expression très imagée qu'il est à peine besoin de traduire. Cela désigne un fainéant qui reste le cul sur sa chaise et qui ne fait rien de ses dix doigts.

260 Caréchant (e) couomme eune bourrée d'épeines

Caressant comme un fagot d'épines

Les piqûres des épines de ronces ou encore mieux de prunellier sont très douloureuses et loin d'être caressantes. L'expression s'utilise pour désigner une personne particulièrement mal aimable, désagréable voire méchante.

261 **Amitieux couomme eun quien d'plomb**

Amical comme un chien de plomb

En fait, c'est un chien en bronze et non en plomb.
Fin du 19e siècle, début du 20e, il s'est fait beaucoup de statues animalières en bronze. Le bronze, métal lourd et froid est loin d'être amical. Le chien en bronze ne va pas vous sauter dessus pour vous faire la fête et manifester sa joie de vous voir. On utilise cette phrase pour caractériser une personne froide, qui manque de chaleur humaine, qui n'est pas aimable.

262 **Avei l'caractère aussi bié fait qu'la taille**

Avoir le caractère aussi bien fait que la taille

C'est une réplique que faisaient les jeunes normandes, autrefois, lorsqu'on leur faisait compliment de leur beauté. Elles affirmaient par cette phrase que non seulement elles étaient jolies mais qu'en plus elles étaient de caractère agréable. Que d'esprit avaient les filles en ce temps.

263 **Est sen pé touot récopi**

C'est son père recopié

Cela veut dire que l'enfant ressemble trait pour trait à son père. L'enfant est recopié sur le père.

264 Eun quien argarde bié eune sachisse, pouqui j'argard'rais pin eune andouille

Un chien regarde bien une saucisse, pourquoi ne regarderais-je point une andouille.

On utilise cette phrase en s'adressant à quelqu'un qui vous reproche de le regarder (avec insistance) et en réponse vous le traitez d'andouille. Cette phrase était fort utilisée autrefois dans les cours de récréation et était en général le point de départ d'une bagarre.

265 Ete pin trop dégouginé

Ne pas être très éveillé

On le dit de quelqu'un qui est un peu sot, un peu niais ou qui n'est pas trop en avance dans son développement intellectuel.

266 Gras couomme eune loque

Gras comme une loche

La loche est un poisson allongé de rivière ou d'étang qui a la particularité d'aimer se reposer sur les fonds. Pour ce faire son anatomie est adaptée et le dessous de son ventre est plat. Vu de face son ventre a la forme d'une poire et donne l'impression qu'il a un gros ventre et qu'il est gras.

267 Cha y a fait couomme eun quien à la messe

Ça lui a fait autant d'effet qu'un chien à la messe

On utilise cette sentence pour dire qu'un remède ou bien une pratique superstitieuse, une prière, un souhait n'a pas été efficace pour vous guérir, vous soulager, vous éviter un malheur ou une maladie. Ça vous a fait autant d'effet que si un chien était allé à la messe vu que le chien ne risque pas de prier pour votre guérison. On l'utilise aussi pour toute chose qui n'a pas fait effet.

268 Gros couomme eune écrèle

Gros comme une crevette d'eau douce

Cette crevette d'eau douce est, par chez nous, plus petite que sa cousine marine. C'est donc un animal assez petit. On utilise aussi l'expression ***maigue couomme eune écrèle.*** Cette sentence se dit pour désigner un homme, un enfant ou un animal chétif.

269 Eun viû safre à sous

Un vieux radin

Le mot normand *safre* a pour signification gourmand, avide, vorace, glouton. Un safre à sous est donc quelqu'un qui est avide d'argent, qui est radin.

270 Touot cha vaut pin les quate fers d'eun maôvais quien

Tout ça ne vaut pas les quatre fers d'un mauvais chien

L'expression existe aussi sous la forme : Tout ça ne vaut pas les quatre fers d'un mauvais cheval. Les quatre fers d'un mauvais cheval ne doivent pas valoir grand-chose mais les quatre fers d'un mauvais chien, ça vaut encore moins. Les chiens ne sont pas ferrés (heureusement pour eux !) Un fer de chien, ça ne vaut rien.

271 Faot pin li en promette, ch'est eun maque épais

Faut pas lui en promettre, c'est un gros mangeur

Sans commentaire.

272 Ete eud la goule couomme eun quien d'écorcheû

Être affamé comme un chien d'équarisseur

Autrefois les équarisseurs, lorsqu'un animal mourrait ou était abattu, allaient chercher ce qui restait de l'animal. C'est-à-dire les cornes, les sabots, les bouts de queue et la peau si elle n'était pas très belle. Les pauvres chiens d'équarisseur qui mangeaient les restes de ces tristes dépouilles étaient faméliques et moins gras que les chiens de boucher ou de charcutiers nourris, ces veinards-là, avec des restes de viande ou de gras.

273 Alle a l'fourquet qui caôffe

Elle a l'entrejambe qui chauffe

L'expression s'utilise pour désigner une femme amoureuse et qui en présente tous les signes apparents. *Eune catte en girou* (une chatte en chaleur) *Pas ?*

274 Alle en a essué pusse d'eune

Elle en a essuyé plus d'une

C'est ce qu'on dit d'une femme facile. La signification n'est pas tout à fait la même selon que la phrase sort de la bouche d'une femme, c'est alors très péjoratif et réprobateur, ou de la bouche d'un homme ça peut alors être admiratif.

275 Si y en a qu'eun, i deit ête bé

Si il n'y en a qu'un il doit être beau

Cette sentence très méchante fait référence à une femme qui a un gros ventre. Les proportions de la dame font supposer qu'elle est enceinte de jumeaux mais que s'il n'y a qu'un seul enfant, il doit être rudement beau.

276 Il est pusse aisé d'teni la goule overte qu'eul bras tendu

Il est plus facile de garder la bouche ouverte que le bras tendu

Cette petite phrase est très coquine. Elle fait allusion bien sûr aux organes sexuels féminins (la bouche ouverte) et masculins (le bras tendu) pendant l'acte d'amour.

277 Ete eud la goule couomme eun piard

Etre gourmand comme une jeune pie

Les jeunes oiseaux que les parents nourrissent et les jeunes pies en particulier, sont vraiment le symbole de la faim et de la voracité, avec leurs becs grands ouverts et leurs cris d'appel pathétiques.

278 Prende eul café du paure

Prendre le café du pauvre

Le café du pauvre, c'est ce qu'on appelle en français la sieste crapuleuse. Sieste que font les amoureux après un bon repas. Il est vrai que ce genre de café ne coûte pas cher et que les pauvres peuvent en abuser.

279 J'y fotrais bié ma couette queuque part

Je lui mettrais bien mon sexe quelque part

La *couette* c'est un des surnoms qui désigne en Normandie le sexe masculin et non une couverture épaisse en plume. Ce n'est donc pas une allusion à une quelconque bataille de polochons.

280 Neir couomme breuilles eud quien

Noir comme des entrailles de chien

Mystère, je n'ai jamais vu les entrailles de mes chiens et je regrette de ne pouvoir vous donner confirmation. Je fais confiance. *Pas ?*

281 Touot est quinze parmi quatorze

Tout est quinze parmi quatorze

Tout est dans le plus grand désordre. C'est le bazar.

282 Quanqu'no veut tuer sen quien no dit qu'il est aragé

Quand on veut tuer son chien, on dit qu'il a la rage

Quand on a décidé de faire quelque chose qui n'est pas très bien ou même carrément très mal, on invente n'importe quel prétexte pour justifier son acte.

283 Boutonner en menteû

Boutonner son vêtement en menteur

C'est lorsque l'on ne boutonne pas le bouton d'un vêtement avec la bonne boutonnière et que l'on se retrouve avec un décalage.

284 Neir couomme eune fourre eud quien

Noir comme de la crotte de chien

Avec l'alimentation animale moderne, croquettes ou boites de conserve, l'expression n'a plus de sens. La couleur de la *fourre de vote quien* dépend plutôt de la marque utilisée. L'expression est donc obsolète.

285 Alle a l'croupion qui c'menche à li ganir

Elle a le croupion qui commence à jaunir

Cela veut dire, d'une dame, qu'elle commence à prendre de l'âge. Elle est comme les vieilles poules qui ont le croupion qui se déplume et qui jaunit.

286 L'vent des Pâques fleuries ch'est l'vent jusqu'à l'équinoxe

Le vent des Rameaux c'est le vent jusqu'à l'équinoxe

La direction du vent, le dimanche des Rameaux, est très importante car ce sera celle qui va dominer jusqu'à l'équinoxe de septembre. C'est une grande indication sur le temps qu'il va faire tout l'été.

287 Catouiller l' mulot

Chatouiller le mulot

Ce n'est pas de ma grand-mère. Cette expression récente veut dire ; chatouiller la souris ; c'est-à-dire utiliser un ordinateur et sa souris. Comme quoi la langue normande n'est pas morte et a encore beaucoup d'humour.

288 Menteu couomme eun arracheu d' dents

Menteur comme un arracheur de dents

Autrefois les arracheurs de dents qui officiaient sur les marchés promettaient à leur future victime que l'acte se passerait sans souffrance. Il n'empêche que bien souvent ils avaient recours au son d'un tambour pour couvrir les cris de leurs patients. C'étaient de fieffés menteurs. Heureusement leurs dignes successeurs les dentistes ne font plus mal et n'ont plus besoin de mentir ni de tambour.

289 Breuler la candelle pa les deux bouts

Brûler la chandelle par les deux bouts

Allumer la chandelle par les deux bouts, c'est la faire brûler deux fois plus vite. C'est gaspiller. On dit aussi ***Mâquer la s'maine pa les deux bouts.***

290 Epais couomme eun carrelet

Mince comme un carrelet

Le carrelet comme la limande, est un poisson plat. Cette expression s'adresse à quelqu'un qui est maigre.

291 Avei l'caïeu en compote

Avoir la moule en compote

On appelle *caïeu* en normand, la moule, le coquillage que l'on trouve sur nos rivages. Pour des raisons de ressemblance anatomique, le mot désigne aussi le sexe féminin et plus précisément la vulve. Avoir la moule en compote c'est avoir abusé de certaines bonnes choses qui ont fort échauffé la région et l'ont rendue sensible et délicate.

292 Quanque j'sonn'rai l'pot d'cambre, tu sortiras dedssous l'lit

Quand je sonnerai le pot de chambre, tu sortiras de dessous le lit

On peut traduire et résumer par : je ne t'ai pas sonné ou inutile de ramener ta science ou encore par je ne t'ai rien demandé.

293 A 'n a ramolli queuques mêtes

Elle en a ramolli quelques mètres

Allusion au comportement amoureux de certaines femmes qui sont très gourmandes et portées sur la chose.

294 Ête d'effouche couomme eun cat d' guernier

Etre farouche comme un chat de grenier

Un chat que l'on enferme au grenier pour chasser les mulots et autres indésirables n'a plus beaucoup de rapports avec l'homme et devient farouche. Il ne passe pas son temps dans la maison au coin du feu ou sur les genoux accueillants des membres de la famille ou à se frotter contre les jambes des humains pour réclamer sa pitance.

295 C'ti-là, il a été finin à l'eureine

Celui-là (ou celle-là) a été fini à l'urine

L'expression qui est loin d'être délicate fait allusion à quelqu'un, en général un enfant, qui est insupportable ou toujours à faire des méchancetés et dont on n'arrive pas à venir à bout. Elle peut s'utiliser aussi pour désigner une personne qui n'a pas toutes ses facultés mentales. Quand cette personne a été conçue, elle ne l'a pas été entièrement avec du sperme de bonne qualité mais elle a été finie à l'urine.

296 I deit pin chucher que d'la glache

Il ne doit pas sucer que le la glace

Il doit s'adonner à la boisson.

297 Mieux vaut eune tite qui catouille qu'eune grosse qui blèche

Il vaut mieux une petite qui chatouille plutôt qu'une grosse qui blesse

Comme disait ma grand-mère qui devait s'y connaître. Quand j'étais petit, je ne comprenais pas ce que pouvait bien vouloir dire cette expression. Heureusement j'ai grandi et j'ai enfin compris.

298 Couocher à l'hôtel du cu torné

Coucher à l'hôtel du cul tourné

Lorsqu'un homme et une femme sont fâchés et qu'au lieu de s'endormir tendrement enlacés, ils se couchent en se tournant le dos, on dit qu'ils couchent à l'hôtel du cul tourné.

299 Embarrachée couomme eune bourre empaturée

Embarrassée comme une canne entravée

Les canards et les canes sont plus fait pour nager que pour marcher. On ne peut pas dire que la démarche d'une canne qui se dandine assez lourdement, embarrassée qu'elle est par son jabot et ses pattes courtes, soit particulièrement élégante. Les canes et les canards ont souvent tendance à tomber si le terrain est inégal mais si en plus elle est entravée je vous laisse imaginer.

300 Cha vos tumbe eudssus couomme la vé'ole su'l bas clergé

Cela vous tombe dessus comme la vérole sur le bas clergé

Cette expression peu respectueuse peut se traduire en français par : Cela vous tombe dessus comme la misère sur le peuple ? C'est-à-dire très facilement et très rapidement.

301 Fé des tits mulots

Faire des petits mulots

Cela n'a rien à voir avec les souris, les mulots et autres rats. En fait mulot vient du verbe *muler.* Qui veut dire bouder. Faire des petits mulots c'est faire du boudin. A noter que *muler* vient du viking *mùli* qui veut dire gueule.

302 Fai des tits pieds

Faire des petits pieds

C'est être enceinte, faire un enfant. C'est peut-être à cause des coups de talons que donnent les petits enfants dans le ventre de leur mère.

303 Il (ou alle) est du cul couomme eun viû tabouret

Il (ou elle) est du cul comme un vieux tabouret

Il est vrai qu'un vieux tabouret en a vu beaucoup et qu'il a été en contact très intime avec bien des paires de fesses. L'expression signifie donc : être très porté sur les choses de l'amour.

304 Mieux vaot ête à deus su eun bouon couop qu'touot seu su eun maovais

Il vaut mieux être à deux sur un bon coup que tout seul sur un mauvais

Il vaut mieux être à deux sur une bonne affaire et se partager d'excellents bénéfices que tout seul sur une mauvaise affaire qui ne rapporte pas grand-chose. L'expression s'utilise aussi au sens figuré avec une connotation très coquine.

305 Y a du monde dans l'bourg Y a du monde à la farme Y a des gens couomme des gens

Il y a du monde dans le bourg
Il y a du monde à la ferme
Il y a une grande affluence de gens

Ces trois expressions signifient la même chose : il y a beaucoup de monde.

306 Avei eun vente eud cu'é d'canton

Avoir un ventre de curé de canton

Le curé de canton (appelé doyen) et qui était responsable des curés de tout un canton, était mieux payé et par conséquent mieux nourri. D'autre part c'était un notable qui se devait d'afficher sa réussite, sa notabilité par un ventre bien rebondi à l'époque où les pauvres étaient maigres et les riches avaient un certain embonpoint.

307 Avei la falle basse

Avoir la poitrine basse

La *falle* c'est le jabot des oiseaux et par extension la poitrine ou la gorge chez les humains. A noter que c'est un mot d'origine viking. Il vient de mot *fallr* la douille par laquelle on emmanche une lance. Avoir la *falle* basse c'est avoir faim par analogie aux volailles qui ont la *falle* haute et rebondie quand ils sont bien nourris.

308 Aux belles files touot va

Aux belles filles tout va

Comme elles sont bien faites tout leur va et comme elles sont belles tout semble leur aller car elles ont moins besoin de beaux atours pour plaire aux garçons qui sont plus indulgents avec elles. A contrario, les filles moins jolies ont besoin de jolies choses pour les mettre en valeur. Cette phrase s'utilisait aussi quand on faisait un compliment à une fille sur sa tenue vestimentaire qui lui allait bien ; elle répondait en souriant : aux belles filles tout va.

309 Voleir eul beurre pis l'ergent du beurre

Vouloir le beurre et l'argent du beurre

Vouloir les avantages sans les inconvénients.
Vouloir quelque chose sans y mettre le prix.
On peut même ajouter ***et la fi d'la farmière pou fai bouonne mesure.*** Pis quoi encore ?
Cette expression est probablement d'origine normande car la Normandie était la province qui alimentait Paris en beurre.

310 Vius couomme les ponts d'Arouen

Vieux comme les ponts de Rouen

Le premier pont (en bois) de Rouen date du IXe siècle, ce n'est pas d'aujourd'hui. Expression pour accentuer l'ancienneté de quelque chose.

311 Avei des dents à merquer l'beurre

Avoir des dents à marquer le beurre

Allusion aux gens qui ont les incisives supérieures (les palettes) très en avant par rapport aux inférieures. En effet autrefois lorsque les fermières vendaient leur beurre au marché, elles avaient pour habitude de décorer leur motte de beurre avec des moules ou des dessins faits à l'aide d'une fourchette ou d'une palette.

312 Avei les pieds en kyrié éléison

Avoir les pieds en kyrie eleison

Marcher avec les pointes des pieds très écartées (à la Charlot). On disait aussi en dix heures dix. S'il est possible d'expliquer l'expression, nous ne pouvons donner l'origine de l'emploi du mot kyrie.

313 Avei l'corps lâche

Avoir le corps lâche

Ce sont surtout les sphincters qui lâchent. Avoir le corps lâche, c'est avoir la diarrhée.

314 Avei l'boudin creux

Avoir le boudin creux
Le boudin c'est bien sûr l'intestin. Avoir le boudin creux c'est avoir faim, très faim.

315 No deirait qu'tes rhardes ont été tétées à viaos

On dirait que tes vêtements ont été tétés par les veaux
Vêtements chiffonnés, fripés, vraiment pas présentables. A rapprocher de l'expression : *avei les yus tétés à viaos.*

316 Eune vraie bourrique à quate cus

Une vraie anesse à quatre culs
Une bourrique c'est au premier abord une anesse et par extension un mauvais cheval. Une bourrique à quatre culs, c'est une bête que l'on ne peut approcher car quelque soit le côté par lequel on l'aborde, elle vous tourne le cul prête à botter. Elle semble ainsi avoir quatre culs, un sur chaque côté.
Au sens figuré, cela désigne une personne, une femme surtout, très mal aimable, agressive.

317 Avei l'nombrin en villote

Avoir le nombril en petite meule de foin
C'est être enceinte. En effet une *villotte* c'est, au moment de la fenaison, un tas de foin que l'on a rassemblé pour la nuit afin d'éviter que le foin ne prenne la rosée et que l'on étale à nouveau le lendemain matin.
On rassemble aussi le foin en *villottes* pour faciliter le chargement du foin sur les charrettes. Les femmes enceintes ayant le nombril qui ressort, ce dernier ressemble à une villotte de foin sur la plaine.

318 En avei jusqu'au noud Gabrié

En avoir jusqu'au nœud Gabriel

Le nœud Gabriel ou nœud Saint-Gabriel est la pomme d'Adam. En avoir jusqu'à la pomme d'Adam c'est être repu, ne pas pouvoir en absorber plus. On dit aussi être *guédé.*

319 Ete la goule sous l'nez

Etre la bouche sous le nez

Etre bouche bée sous le coup de l'émotion ou de la surprise.

320 Déferré des quate pattes et du grouin

Déferré des quatre pattes et du groin

Eberlué, abasourdi.

321 Raide couomme eune queue d'mo'ue

Raide comme une queue de morue

En l'occurrence il s'agit de la morue séchée. C'est une spécialité des pays nordiques où l'on fait sécher la morue à l'air libre. Ceci est possible grâce à la situation septentrionale de ces pays où il n'y a pas de mouches. Le poisson peut sécher à l'air libre sans être pourri par les asticots. Ce poisson, une fois séché est très dur et les Vikings l'appelaient *"stock fish"*. *Stock* signifie tronc d'arbre et *fish,* poisson. Ce poisson qui se conservait très bien, était exporté depuis les pays scandinaves vers les pays du sud et est à l'origine de nombreuses préparations culinaires. Les morues séchées avaient souvent la queue qui rebique et très dure.

A noter que les peintres en bâtiment utilisent un pinceau large qu'ils baptisent queue de morue. Est-ce la même origine ?

322 Rouoge couomme eun picot

Rouge comme un dindon

On fait ici allusion à la crête du dindon. L'expression s'utilise pour désigner une personne qui a abusé des bonnes choses. C'est-à-dire qui a bien mangé et surtout bien bu et qui a le visage rouge.

323 Fai pusse eud tours qu'eud miraques

Faire plus de tours que de miracles

Passer son temps à faire des bêtises. On utilise cette sentence pour décrire l'activité d'enfants qui ne tiennent pas en place, qui sont insupportables et souvent mal élevés.

324 Nique ten nez

Mouche ton nez

Le verbe *niquer* en normand a deux significations différentes. La première : moucher. On dira à quelqu'un : *nique ten pétiot.* C'est-à-dire mouche ton petit. La deuxième acception concerne les oiseaux. Il veut alors dire nicher. *Les osiaos niquent euddans les branques des âbes :* les oiseaux nichent dans les branches des arbres.

325 Fleu n'est pin pouomme et pouomme n'est pin chide

Fleur n'est pas (encore) pomme et pomme n'est pas (encore) cidre

La Normandie est terre de sapience, de sagesse. Cette sentence en est l'exemple en rappelant qu'il faut être prudent, très prudent et qu'il ne faut pas vendre la peau de l'ours avant de l'avoir tué.

326 Qui qu'oppose ?

Pourquoi pas ?

Le verbe opposer veut dire empêcher en normand. *J'ons fé une barrié pou opposer les poules d'entrer* : J'ai fait une barrière pour empêcher les poules d'entrer.

327 Eune vaque y artrov'rait pin sen viao (vé)

Une vache n'y retrouverait pas son veau.

Grand désordre. Il y a tellement de bazar qu'une vache (pourtant excellente mère) n'y retrouverait pas son petit. En français on dit qu'une chatte n'y retrouverait pas ses petits.

328 Quart mens d'treis heus

Trois heures moins le quart

A noter que les Anglais comptent comme nous. On peut utiliser aussi l'expression ***il est treis heus le quart moins.***

329 La demie passée d'chinq heus

Cinq heures et demie

Même chose que précédemment. C'est plus proche de l'anglais que du français. On peut dire aussi : ***la demie de chinq heus.***

330 Paris et Rouen eusse sont pin faits en eun jou

Paris et Rouen ne se sont pas construits en un seul jour

Réponse faite à quelqu'un qui est pressé et qui trouve que ça ne va pas assez vite ou que la besogne n'avance pas.

331 Hureux couomme eun bochu qu'a pardu cha boche

Heureux comme un bossu qui a perdu sa bosse

On l'imagine sans peine. La bosse en plus d'être disgracieuse contraint à des positions de colonne vertébrale qui sont douloureuses et invalidantes à la longue. C'est donc doublement du bonheur de perdre sa bosse.

332 Neir couomme eul cul d'la pelle

Noir comme le cul de la poêle

Autrefois on faisait cuire les aliments soit au feu de bois, soit sur l'orifice de la cuisinière à bois et donc les casseroles et les poêles avaient le cul directement en contact avec la flamme. D'où un dépôt de « noir de charbon » qui faisait qu'elles avaient le cul très noir, *entalboté*.

333 Neir couomme eune craque

Noir comme une prunelle

La prunelle, le fruit du prunellier ou épine noire (*épeine neire* en normand), est noire (bleue très foncé), d'où cette expression. Son nom normand, craque, vient d'ailleurs du viking *krakiber* qui désigne le même fruit.

334 Ete empouqueté (ou empouqué)

Etre mal habillé

C'est être engoncé, mal vêtu, on dirait en français : mal fagoté. Etre *empouqueté,* c'est être habillé avec une *pouque.* Une *pouque* est un grand sac en grosse toile de jute dans lequel on met des pommes, des pommes de terre, du grain ou des *rharengs.* En Normandie, *eul Pé Lapouque* était un personnage fictif qui emportait les enfants dans son sac de jute. Il servait aux parents pour faire peur aux enfants pour qu'ils soient sages.

335 I pieut couomme vaque qui pisse

Il pleut comme vache qui pisse

Il pleut beaucoup. Il est impressionnant de voir une vache uriner. On dit aussi : ***I pieut à siaô,*** il pleut à seau, ou ***I pieut rien,*** rien a le sens d'énormément comme dans ***c'est rien biaô.***

336 Quitte tumber, est pin du mouron pou ten s'rin

Laisse tomber, ce n'est pas du mouron pour ton serin

A priori c'est très poétique. En fait c'est plus grivois. Cela signifie en français : laisse tomber, cette fille n'est pas faite pour toi : « Ce n'est pas chose à becquer pour ton petit oiseau. » Mais c'est joliment dit.

337 Ch'est eun vrai bourri d'farme, il est trop bêite pou fé eun bourri d'château

C'est un âne de ferme, il est trop bête pour faire un âne de château

On utilise cette maxime pour caricaturer un personnage pas très intelligent, borné.

338 Ête couomme men cu, ma qu'minse

Etre comme mon cul, ma chemise

En français on dirait être comme cul et chemise. Cette expression fait référence à une époque, où les culottes pour les dames et les slips pour les hommes n'existaient pas. Les hommes portaient donc des chemises plus longues que maintenant. En particulier le pan arrière de la chemise était très long et les hommes le ramenaient vers l'avant entre les cuisses et le remontait haut devant. Ce pan de chemise était donc en contact intime avec les orifices et organes que vous pouvez imaginer. Ainsi être comme mon cul, ma chemise, cela veut dire que l'on est intime, voire très intime avec quelqu'un.

339 Baiser à couoilles rabattues

Baiser à couilles rabattues

Faire la chose avec une grande vigueur. Sans commentaire...

340 I fait eun vent à éconer les cocus

Il fait un vent à écorner les cocus

Le vent souffle tellement fort qu'il arracherait les cornes d'un cocu. Et pourtant ça tient bien. Croyez-moi. Vu la fréquence et l'intensité du phénomène. On peut même ajouter en complément de dérision : ***et men paure bonhomme qu'est d'rhors*** (et mon pauvre homme qui est dehors...)

341 Es-tu su l' peichon ?

Es-tu sur le poisson ?
Ça n'a rien à voir avec la pêche. Cela veut dire en français : As-tu compris ?

342 Gardez vos poules, j'laque men cô

Gardez vos poules, je lâche mon coq
Invitation aux parents qui ont des filles, de les surveiller car les garçons sont toujours à courir après les filles, c'est bien connu.

343 I va fai biaô… les dindes perquent

Il va faire beau… les dindes perchent
Lorsque l'on voit quelqu'un grimpé sur un escabeau, une échelle, une chaise ou sur n'importe quel objet on lui dit : il va faire beau. Puis on ajoute après : les dindes perchent. C'est une petite moquerie qui fait rire. On les traite gentiment de dinde. L'expression la plus connue en français est : …les oies sont perchées.

344 Ete de la goule couomme eune mo'ue

Etre gourmand comme une morue
Les morues sont des poissons de grande taille, pouvant dépasser le mètre. De plus ce sont des prédateurs très voraces. La comparaison avec l'homme désigne donc quelqu'un ayant une grande bouche et qui s'en sert beaucoup. Il s'agit donc de quelqu'un qui mange beaucoup, un gros mangeur qui n'en a jamais assez. Certaines mauvaises langues font allusion à l'autre définition de morue, c'est-à-dire une prostituée et pensent peut-être à la grande bouche de celles-ci et à l'usage qu'elles en font.

345 Les permiers cauchent les bottes, les darniers les décrottent

Les premiers chaussent les bottes, les derniers les décrottent

Expression imagée pour dire que les premiers arrivés seront les mieux servis, C'est bien sûr utilisé pour inciter les gens à se dépêcher.

346 Eune mouque su cha route, il ardoube

Une mouche sur sa route, il fait demi-tour

La mouche n'étant pas un obstacle insurmontable surtout qu'elle s'envole à votre approche, il ne faut donc vraiment pas grand-chose pour arrêter et faire redoubler une personne. S'utilise pour désigner quelqu'un que le moindre effort ou le moindre obstacle décourage.

347 Va y avei du pouel d'arraqué

Il va y avoir du poil d'arraché

Avertissement. Il va y avoir une discussion orageuse, des remontrances, des sermons, une dispute, voire une bagarre.

348 I s'creit l'permier moutardier du pape

Il se prend pour le premier moutardier du pape

Cette histoire remonte aux temps lointains où il y avait des papes en Avignon. L'un d'entre eux qui avait la fâcheuse habitude de céder au péché de gourmandise raffolait de la moutarde et en mettait dans tous les plats.
Ce brave homme ne savait que faire d'un neveu qui était un bon à rien et il eut l'idée de créer la charge de premier moutardier du pape pour subvenir aux besoins de cet incapable.
Dans les temps qui ont suivis, on a utilisé cette expression pour désigner un sot infatué, un sot prétentieux.

349 I f'rait rater eune cou'ée d'singe

Il ferait avorter une couvée de singe

Il est tellement laid qu'il ferait avorter une couvée de singe. Le singe avait la réputation d'être laid par rapport à l'homme et pour réussir à faire échouer une couvée de singe par sa laideur il fallait vraiment être très laid. C'est une expression qu'on utilisait surtout dans les cours de récréation.

350 Ete couomme eune dinde qui s'accouwe.

Etre comme une dinde qui s'abaisse pour couver

La dinde lorsqu'elle est en pleine excitation sexuelle et pour attirer le mâle *s'accouve.* C'est-à-dire qu'elle prend la position de la couvaison en repliant ses pattes et en posant son ventre au sol. Se dit assez méchamment d'une jeune fille ou d'une femme qui présente manifestement les signes de la plus grande excitation amoureuse et qui fait ce qui faut pour le montrer aux garçons. *Nan mais guette-la, no dirait eune dinde qui s'accouve.* C'est comme *eune catte en girou* mais en plus méchant car la dinde est réputée pour sa bêtise. *Argarde-là c'te dinde-là.*

351 Il est du cul couomme eune vêpre

Il est du cul comme une guêpe

Pour comprendre ce dicton, il faut être observateur. Observez une guêpe quand elle vient gentiment se poser sur le dos de votre main. Elle ne cesse de rentrer et de sortir son dard. Il en est de même pour l'individu en question. Se dit donc d'un homme très porté sur les choses du sexe.

352 J'aïmerions miûs qu'a tumbe dans men lit pûtot qu'la foude

J'aimerais mieux qu'elle tombe dans mon lit plutôt que la foudre

On le dit d'une personne très jolie et très attirante et que l'on aimerait bien voir dans son lit. Elle fait généralement moins de dégâts que la foudre…

353 Y a eun bain qui caôffe

Il y a un bain qui chauffe

Aucun rapport avec l'hygiène corporelle. Il s'agit de météo. Lorsque l'on voit à l'horizon des nuages noirs s'amonceler porteurs d'orage ou de pluie, on utilise cette expression avant que l'averse arrive.

354 No peut piéter drié li (alle) euddans la rosée

On peut marcher derrière lui (elle) dans la rosée

Vu qu'il ou elle a de très grands pieds on peut marcher dans ses traces, sans se mouiller les pieds. C'est encore plus méchant au féminin bien sûr. Berthe aux grands pieds a dû en souffrir.

355 Il (alle) en a euddans l'cornet

Il (ou elle) en a dans le cornet

Le cornet, dans ce cas, est le gosier ou la bouche. Quand on en a dans le cornet c'est qu'on a une grande goule. C'est un beau parleur, un grand bavard et qui cause fort.

356 Il (alle) en a euddans l'gilet

Il (ou elle) en a dans le gilet

Se dit de quelqu'un qui a de l'audace, qui n'a pas de complexe, qui n'a pas de vergogne. Quelqu'un qui ment avec aplomb. Quelqu'un qui est "gonflé".
On dit aussi **I 'n a dans bo-yau.**

357 Galbée couomme eune sole

Galbée comme une sole

La sole étant un poisson plat, sans relief quand on dit d'une femme qu'elle est galbée comme une sole on fait allusion à son physique, à son manque de relief. Elle n'a pas beaucoup de seins ni de fesses.

358 Ete eune Marie brouille-soupe

Etre une Marie brouille soupe

C'est une femme négligée, sale, sans soin, qui ne tient pas bien son ménage avec des vêtements et des affaires qui trainent partout.

359 Est-i tei qu'as muché men balai ?

Est-ce toi qui as caché mon balai ?

Est-ce toi qui m'as fait une farce, une plaisanterie, qui a caché mes affaires ?

360 Café bouillu, café foutu

Café qui a bouilli, café foutu

Le café qui a bouilli n'a pas bon goût, il est foutu. C'est pour cette raison qu'autrefois on laissait la cafetière sur le coin de la cuisinière et non au centre afin que le café reste au chaud sans bouillir. Cette expression est vraisemblablement d'origine normande car le grand port d'importation du café était Le Havre.

361 Eun café d'bouonne sœu

Un café de bonne sœur

Autrefois lorsque l'on servait un café, on le coiffait de calva. Un café sans *goutte* c'était un café de bonne sœur. Et un café arrosé c'était un café qui contenait du calva plus un petit verre de calva à côté. Heureusement on repartait à vélo ou à cheval. Et le cheval connaissait la route !

362 Ch'est touot pêque-mêle dans la mêlèe

Tout est pêle-mêle dans le mélange

Tout est encore plus en désordre que l'expression française pêle-mêle.

363 T'arviens d'la neuche pis t'as oco des pattes eud poulet dinde euddans les pouquettes

Tu reviens de la noce et tu as encore des pattes de dindon dans les poches

C'est une phrase que l'on utilisait envers les enfants qui gardaient les mains dans leurs poches et ne les enlevaient pas. D'abord ce n'était pas poli, ensuite cela déformait les poches et comme les gens n'étaient pas riches en ce temps-là et que les vêtements coûtaient cher, cela voulait donc dire : enlève les mains de tes poches.

364 Est des contes à ma tante

Ce sont des contes à ma tante

Ce sont des contes, des histoires à dormir debout. Des histoires qui ne sont pas croyables.

365 Dis pin cha à eun qu'va d'boués, i t'donn'rait eun coup d'pied.

Ne dis pas ça à un cheval de bois, il te donnerait un coup de pied.

Tu dis un tel mensonge, une telle énormité que même un cheval en bois te donnerait un coup de pied ! C'est dire si le mensonge est de taille.

366 Doleye couomme eun mulon

Taillée comme une meule de foin

Doler, aplanir, amincir avec une doloire ou une herminette. C'est un travail grossier qui manque de finesse. Un mulon est une grosse meule de foin. Cette expression s'adresse à une femme taillée grossièrement, ou grosse comme une meule de foin. On pourrait dire en français que c'est une femme de forte corpulence taillée à coup de serpe.

367 Dropper à touote écrase

Fuir à toute allure

Marcher à toute vitesse, s'enfuir, tellement vite que l'on écrase tout.

368 Embarachée couomme eune poule qu'a trové eun cure-dent.

Embarrassée comme une poule qu'a trouvé un cure-dent.

Les poules n'ayant pas de dents il est sûr qu'une poule qui trouve un cure-dent est bien embarrassée et ne sait quoi en faire. Il n'y a pas que les poules. *Creyez-mei.*

369 # Epais couomme eune limande qu'arlève eud couche

Epaisse comme une limande qui vient d'accoucher

Une limande c'est déjà un poisson très plat mais si en plus elle vient de pondre ses œufs (des centaines), elle est vraiment très maigre. Se dit d'un homme ou d'une femme filiforme.

370 # Espèce de poulet dinde !

Espèce de dindon !

Encore la réputation de bêtise de la dinde et du dindon. La dinde et le dindon sont originaires d'Amérique et ils ont été ramenés en Europe par les Espagnols qui croyaient avoir découvert les Indes. D'où le nom de poule d'Inde pour la dinde et celui de poulet d'Inde pour le dindon. C'est bien sûr une insulte qui veut dire abruti, bon à rien.

371 Ete eud la goule couomme eune flondre

Etre de la gueule comme une plie

La *flondre* était un poisson très commun de la base vallée de la Risle et de la Seine. C'est une espèce de plie proche de la limande et du carrelet qui a la particularité de pouvoir vivre en eau salée et en rivière. Une de ces espèces s'appelle la plie à grande bouche. Poisson réputé pour sa voracité. A noter que *flondre* vient du viking *flundra* qui a le même sens.

372 Ete couomme eun bulot qu'a raté la marée

Etre comme un buccin qui a raté la marée descendante

Etonné, sidéré, éberlué, dépité comme quelqu'un qui a raté le train.

373 Ete monté su fagots

Etre monté sur fagots

Avoir des jambes grêles.

374 Est fait couomme torcher men cu pad'ssus m'n'épaule

C'est fait comme se torcher le cul par-dessus son épaule

Essayez, vous allez voir. Ca ne facilite pas l'opération de passer par-dessus son épaule. Cela veut dire que le travail est fait n'importe comment. C'est du travail saboté, mal fait.

375 Est toujou l'permier qui pale qu'a tort

C'est toujours le premier qui parle qu'a tort

Nous sommes en Normandie, pays de taiseux, de gens qui parlent peu, qui se méfient, qui ont toujours peur d'en dire trop, que l'on ne sache pas ce qu'ils ont ou ce qu'ils pensent, qui écoutent ce que l'autre va dire et se trahir en le disant.

376 Est pin bouon qu'la poule cante à la plache du cô

Il n'est pas bon que la poule chante à la place du coq

Dans un ménage, il n'est pas bon que la femme porte la culotte et commande. Quelle sagesse et quel sens de l'observation. N'est-ce pas ?

377 Trou du cul d'pouomme sue

Trognon de pomme acide

Insulte enfantine qui était très en vogue dans les cours de récréation et qui a été à l'origine de bien des bagarres, bien des fâcheries.

378 Torner en rond couomme eune pie qu'a mal à cul

Tourner en rond comme une pie qui a mal au cul

Cela veut dire : ne pas tenir en place. N'ayant jamais vu de pie ayant mal au cul je fais confiance à l'esprit d'observation de nos grands-parents qui s'y connaissaient en pie. En effet la pie s'apprivoise assez facilement et nos ancêtres ne s'en privaient pas. Les enfants grimpaient aux arbres pour dénicher les oisillons puis ils les nourrissaient, les élevaient et leur apprenaient à faire des tours ou des sottises à la plus grande joie de nos aïeux. Dans les veillées ou au café ces pies dressées faisaient l'attraction de l'assistance. Les pies remplaçaient les perroquets. Nos ancêtres avaient donc tout loisir d'observer le comportement de l'animal.

379 Aller à s'n'affai

Aller à son affaire
En fait cela veut dire : faire ce que l'on doit faire.

380 L'auge est faïte pou l'cochon

L'auge est faite pour le cochon
Cela fait référence à un couple où la femme ne vaut pas mieux que le mari. Ils ne valent pas plus cher l'un que l'autre.

381 Alle est du brit qui court

Elle est du bruit qui court
Le bruit qui court, c'est la rumeur, la réputation. Etre du bruit qui court c'est avoir la réputation d'être porté sur les choses de l'amour, être une femme facile.

382 Avei la goule en coin de tangon

Avoir la figure en coin de tangon
Le tangon est un terme de marine. C'est la perche en bois qui dépasse horizontalement de la coque d'un navire et qui peut avoir plusieurs fonctions. Il y a des tangons latéraux qui permettent d'amarrer les petites embarcations ou des lignes de pêche. Mais celui qui nous intéresse est le tangon ou "bout dehors", qui dépasse à l'avant du bateau et qui permet d'attacher un spi par exemple. Avoir la goule en coin de tangon c'est avoir la mâchoire inférieure qui dépasse à l'avant du visage. C'est être prognathe. On dit aussi "avoir le menton en galoche".

383 Avei eun marc qui désaffleure

Avoir un marc qui déborde

Affleurer, c'est arriver juste au bord. Désaffleurer c'est déborder. Avoir un marc qui déborde, c'est avoir envie d'uriner.

384 Avei toujou eun os au cu qui prend l'iao

Avoir toujours un os au cul qui prend l'eau

En tout cas cela doit être très gênant. En fait cela signifie avoir toujours un pet de travers. Un pet de travers est une indisposition physique passagère, souffrir de malaise, de fatigue. Et quand on a toujours un pet de travers, on est de mauvaise humeur, bougon.

385 Avei des yus d'pingeon ramier

Avoir des yeux de pigeon ramier

Les pigeons mâles, à la saison des amours font, à leurs belles, des parades très démonstratives, des roucoulades à n'en plus finir. Avoir des yeux de pigeon ramier c'est donc avoir des yeux (d') amoureux.

386 Avei des yus d'merlan frit

Avoir des yeux de merlan frit

Si vous avez déjà fait frire un merlan vous avez sans doute remarqué qu'il a des yeux complètement inexpressifs (et pour cause) voire un regard d'abruti, un air idiot. Remarquez que même non frits je ne trouve pas que les yeux de merlan soient très expressifs.

Qui qu'il a à nos argader aveu ses yeux d'merlan frit c'ti là.

387 N'avei ni foute ni mouilles

N'avoir ni soupe ni pain à mouiller dedans

Le mot foute est une déformation du mot soupe et une mouille c'est du pain à tremper dans la soupe. N'avoir ni foute ni mouille c'est donc en fait être très pauvre et n'avoir pas de soupe à manger ni de pain à mouiller dedans.

388 Eun grand badlagoule

Un grand bat de la langue

Un grand bavard. Avec toujours un côté péjoratif au sujet des bavards en Normandie : grand bavard mais pas très efficace ; plus de goule que d'effet. A noter qu'il s'est créé un groupe de musique traditionnelle à Jersey nommé "Les Badlabecques".

389 J'beirais la mé et ses peichons

Je boirais la mer et ses poissons

Quelqu'un tellement assoiffé boirait la mer en entier avec les poissons qui sont dedans.

390 Cacher pa la chente

Chasser par la sente

Courir, s'enfuir par le sentier, le chemin. S'enfuir en courant.

391 No y vèye pus l'cul euddans la poussié

On y voie plus le cul dans la poussière

Il court tellement vite qu'il fait beaucoup de poussière et on y voit plus le cul. S'enfuir à toute vitesse sans demander son reste.

392 Fai courtine

Faire rideau

Cela veut dire s'emmitoufler. Autrefois les lits étaient entourés de rideaux que l'on appelait courtines et qui conservaient la chaleur dans l'espace du lit. Faire courtine, c'est fermer les rideaux du lit pour avoir bien chaud et par extension, s'emmitoufler. Remarquons aussi qu'en normand, la demoiselle d'honneur s'appelle la *courtinière*. En effet autrefois elle était chargée d'assister, durant toute la journée du mariage, la mariée pour sa toilette, se vêtir, se dévêtir. Et le soir des noces c'était la demoiselle d'honneur qui déshabillait la mariée, la couchait et fermait les courtines du lit. D'où son nom. Je ne sais pas ce que faisait le jeune marié pendant tout ce temps-là. Il devait trouver le temps long, pour peu qu'elles papotent.

393 Fai capelle

Faire chapelle

Autrefois lorsqu'il faisait très froid et que les dames (et demoiselles) avaient grand besoin de se réchauffer, elles se chauffaient les fesses et l'arrière des cuisses auprès du feu de cheminée en soulevant le bas de leur robe ou de leur jupe. On pouvait ainsi voir ces dames qui rentraient de l'extérieur complètement gelées faire capelle en rang d'oignons. A préciser que les hommes avaient la délicatesse de ne pas regarder.

394 Fai des croupettes

Faire des courbettes

Se livrer à des manifestations d'obséquiosité.

395 Fai sa joe d'vaque

Faire sa joue de vache
Etre contrarié, de mauvaise humeur et faire la goule, bouder.

396 Fatillé devant qu'eud suer

Fatigué avant de suer
Se dit bien sûr d'un fainéant qui est déjà fatigué avant d'avoir fait un effort.

397 Faoquer la roseye

Faucher la rosée
On utilise cette expression pour désigner quelqu'un qui marche les jambes écartées ou les pieds écartés. Dans la rosée, il laisse de larges traces, de larges sillons comme un *faoqueû* (faucheur) dans une pièce de blé.

398 Fié couomme eun pou su eune tringue à rideaux

Fier comme un coq sur une tringle à rideaux
Pou c'est le masculin de poule, c'est-à-dire le coq. Les coqs adorent se percher sur les endroits élevés pour surveiller leur cheptel. La tringle à rideaux étant l'endroit le plus élevé d'une pièce et peu facile à atteindre puis à s'y maintenir, on peut imaginer sa fierté d'y parvenir. On utilise l'expression pour désigner quelqu'un qui est fier de lui, voire assez satisfait de lui-même. Un peu arrogant.

399 ## Frais couomme eun œu couvi d'six s'maines

Frais comme un œuf couvé depuis six semaines

Il faut environ 21 jours, c'est-à-dire trois semaines, pour qu'un œuf couvé donne naissance à un poussin.
Si au bout de six semaines, le double du temps de couvaison, il n'y a rien d'éclos c'est que le poussin est mort et complètement pourri. Ou que la poule n'a pas été fécondée.

400 ## Freid couomme eune fourre eud peichon

Froid comme un crotte de poisson

Les poissons vivant dans l'eau sont froids et leurs crottes de même.
Cependant je n'ai pas vérifié, je fais confiance.

401 ## Vésillant couomme eun gardon su eun tas d'caillous

Frétillant comme un gardon sur un tas de cailloux

Etre *vésillant,* c'est être en forme, en grande forme. Un gardon que l'on a sorti de l'eau et qui se retrouve sur un tas de cailloux saute avec vigueur dans toutes les directions pour essayer de retourner à l'eau. Il est très remuant et pourrait donner l'impression d'être en très grande forme. En fait il l'est de moins en moins au fur et à mesure que le temps s'avance. L'expression désigne donc quelqu'un qui est en pleine forme voire excité.

402 Grachieuse couomme eune rherche

Gracieuse comme une herse

Une herse est un outil agricole essentiellement constitué de grandes dents qui griffent la terre. D'une herse on ne voit pratiquement que les dents. Un animal qui montre les dents ne fait manifestement pas preuve d'amabilité, bien au contraire. Donc une personne qui montre les dents est loin d'être gracieuse.

403 Avei l'bigoudi qui frise

Etre en érection
Le bigoudi étant bien sûr le sexe masculin.

404 I dancherait touot d'bout euddans la butte d'un four

Il danserait debout à l'intérieur d'un four à pain
Il est tellement petit qu'il pourrait danser et sauter à l'intérieur d'un four à pain.

405 Soupe couomme eun quien d'plomb

Souple comme un chien de plomb
On utilise ici aussi une antiphrase. Une statue de chien en plomb est plutôt le symbole de la rigidité et donc elle est plutôt *malsouple.*

406 Il est souord d'eune o'eille pis bêite eud l'aote

Il est sourd d'une oreille et puis bête de l'autre
En résumé, il est complètement sourd.

407 I fait des embarras couomme quate vaques att'lées

Il fait des histoires comme quatre vaches attelées
Déjà qu'une vache attelée ne se prend pas pour n'importe qui et se croit au-dessus du lot commun des animaux de la ferme alors quatre vaches attelées, je vous laisse deviner. Se dit donc de quelqu'un qui se croit issu de la cuisse de Jupiter et qui a, en conséquence, beaucoup d'exigences.

408 Merchandise qui s'alose vaôt pin grand chaôse

Marchandise qui se vante ne vaut pas grand-chose

Une chose de qualité n'a pas besoin de réclame. Cela se sait, cela se voit. On croit rêver quand on voit notre société moderne envahie par la publicité. Au sens figuré : quelqu'un qui se vante est nettement moins bien que ce qu'il prétend être.

409 I li manque toujou dix neuf sous pou fai vingt sous

Il lui manque toujours dix neuf sous pour faire vingt sous

On dit cela d'une personne dépensière, qui n'a jamais assez d'argent, un vrai panier percé. Une personne qui dépense plus qu'elle n'en a dans sa *pouquette*. C'est très mal vu en Normandie. N'est ce pas ?

410 Jeudi Saint, no s'lave les pieds

Jeudi Saint, on se lave les pieds

Cette sentence fait référence au Jeudi précédent Pâques. Au cours du repas Jésus lave les pieds des douze apôtres. De même lors de la messe du Jeudi saint, le prêtre lave le pied droit de douze personnes. Donc, le Jeudi saint, la tradition veut que l'on se lave les pieds. Il reste à espérer qu'il n'y avait pas que ce jour-là.

411 J'sieus paré pou six meis d'neuge

Je suis prêt pour six mois de neige

Lorsque que l'on a fait d'amples provisions ou lorsque l'on reçoit une grande abondance de biens, on dit alors que l'on est prêt, équipé pour affronter six mois de neige sans approvisionnement.

412 La lisiè vaôt le drap

La lisière vaut le drap

Cela signifie que dans un groupe ou plus généralement dans une famille, il n'y en a pas un pour racheter l'autre. Ils se valent tous. C'est bien sûr péjoratif.

413 Mius vaôt fai envie qu'pityi

Il vaut mieux faire envie que pitié

Autrefois les gens riches mangeaient à leur faim voire avec excès et les pauvres ne mangeaient pas assez et étaient maigres. Faire envie c'était donc un signe de richesse. Cette expression a été utilisée par la suite pour justifier tous les excès alimentaires.

414 Les quiens font pin des cats

Les chiens ne font pas des chats

Allusion à l'hérédité. Les enfants ressemblent à leurs parents. L'expression est utilisée assez souvent de façon péjorative. C'est-à-dire que, vu ce que sont les parents, il ne faut pas s'étonner du comportement des enfants.

415 Les tits caillous rolent toujou au gros tas

Les petits cailloux roulent toujours au gros tas

C'est-à-dire que l'argent attire l'argent. En français il existe plusieurs expressions qui ont le même sens : On ne prête qu'aux riches ou bien il pleut toujours là où c'est mouillé ou bien encore : les petits ruisseaux vont aux grandes rivières.

46 Leuner couomme eune vieuille bêite

Hésiter comme une vieille bête

Changer constamment d'avis, ne pas savoir ce que l'on veut.

47 Avei des yus d' crapou mort d' amou

Avoir des yeux de crapaud mort d'amour

C'est avoir des yeux tellement admiratifs qu'ils en ont l'air abruti.

418 Maquer couomme eun allouwi

Manger comme un loup affamé

S'allouvir, c'est se transformer en loup. Un *allouvi* est quelqu'un qui est affamé comme un loup.

419 Maquer la bannette

Manger la bannette

Une *bannette* est une petite banne, une petite corbeille en osier dans laquelle on mettait le pain : *la bannette à pain. Maquer la bannette* c'est comme ***maquer la ferme.*** Etre dépensier au point de se ruiner. Manger l'argent du ménage. Non seulement on mange le pain mais le récipient qui le contient.

420 Maigue couomme eun chent d'clous

Maigre comme un cent de clous

Les clous ce n'est pas gros même par cent. On dit cela de quelqu'un de très maigre.

421 Mâque, tu sais pin qui t'mâquera

Mange, tu ne sais pas qui te mangera

Expression que l'on utilise avec un enfant difficile à nourrir, qui mange peu, qui grignote et pour l'inciter à manger. Un bec à miettes.

422 Mâqueu d'mattes

Mangeur de lait caillé

C'est une personne qui n'a pas les moyens de manger du fromage fermenté ou tout autre nourriture plus chère. C'est un pauvre type. L'expression est très péjorative.

423 Monter à har

Monter à cru

Le mot normand *har* veut dire poil. Monter à *har* c'est monter un cheval sans selle ni couverture, monter à cru. A noter que ce mot normand est issu du scandinave ancien *har* qui veut dire aussi poil.

424 Faut pin démêler les torchons pis les sarviettes

Il ne faut pas mélanger les torchons et les serviettes

Allusion, bien sûr, aux différences de classes sociales qu'il faut respecter. Il ne faut pas se mésallier.

425 Oyou qu'tu vas qu'ri tes pouommes ?

Où vas-tu chercher tes pommes ?

Aucun rapport avec les pommes ou le verger ou le marché. Cela veut dire : qu'est-ce que tu me racontes-là, où vas-tu chercher tout ça ? On dit ça à quelqu'un qui affabule un peu, qui raconte des histoires. On dit aussi : ***Oyou qu'tu prends ten cide.***

426 No deirait eune pouque eud noués qui d'chend quate étages

On dirait un sac de noix qui descend quatre étages

On dit cela de quelqu'un qui a un rire fort disgracieux.

427 No peut pin cotenter tertous pis sen cu'é.

On ne peut pas contenter tout le monde et son curé

On ne peut pas faire plaisir à tout le monde.

428 No rattire (no pêque) pin les mouques aveu du vinaigue

On n'attire (on n'attrape) pas les mouches avec du vinaigre

Pour attirer les mouches ou quelqu'un il faut au contraire lui proposer des choses agréables, qui lui plaisent. Il faut donc un minimum de diplomatie pour arriver à ses fins.

429 Pardu (ou adiré) euddans les ferluques à Berlampot

Perdu (ou égaré) dans les ferluques à Berlampot

Les *ferluques* ça n'existe pas et *Berlampot* non plus. Donc quand vous êtes perdu dans les *ferluques* à *Berlampot* vous êtes au milieu de nulle part. C'est-à-dire irrémédiablement perdu.

430 Eun perroquet de falaise

Un perroquet de falaise

C'est un bavard, un beau parleur, un baratineur. Le dicton existe aussi sous la forme : *Perroquet de Falaise.* Ce qui voudrait dire que les habitants de la ville de Falaise sont des bavards. Pourquoi pas ? On a bien les *maqueus d'o'eilles de Montivillers.*

431 Poli couomme eun quien qui pisse su la croué

Poli comme un chien qui pisse sur la croix

Pisser sur la croix (le symbole des chrétiens), ce n'est vraiment pas respectueux, même pour un chien. On dit donc cela pour désigner quelqu'un de très malpoli.

432 Pusse sot qu'il n'est bêite

Plus sot qu'il n'est bête

Cette expression, paradoxalement s'utilise pour qualifier quelqu'un qui n'est pas bête, quelqu'un d'intelligent. Le mot sot doit être compris dans le sens de distrait, d'étourdi.

433 Pieurer couomme eune faisselle

Pleurer comme une faisselle

Le mot faisselle peut avoir deux significations soit c'est un récipient ou un moule percé de trous dans lequel on met le lait caillé à égoutter pour faire du fromage soit dans un pressoir à longue étreinte c'est la plate-forme sur laquelle on étale les pommes pilées destinées à être pressées. Quand on serre la visse du pressoir, le jus coule à flot. Et donc pleurer comme une faisselle, c'est pleurer à chaudes larmes (en normand on dit pleurer à *freides* larmes).

434 Eune pouomme, deux pouommes cha va, la râzière ch'est d'trop

Une pomme, deux pommes ça va, la rasière c'est de trop

Une fois, deux fois, passe encore mais là c'est de trop. Se dit à quelqu'un qui exagère. En français on pourrait dire : Tant va la cruche à l'eau qu'elle se casse.

435 J m'en vas t'artorner le mâqué du côté d'Cormeilles, tu vas vei !

Je vais de retourner la figure du coté de Cormeilles, tu vas voir !

Le mâqué est la mâchoire inférieur. C'était mon grand'père qui disait cela quand il était en colère après nous, les gamins. C'était mauvais signe…

436 Il est pusse viu qu'san grand pé

Il est plus vieux que son grand père

Il sait tout, il a tout vu.

437 Quanqu'cha pieut su l'cu'é, cha dépure su l'vicai

Quand il pleut sur le curé, ça dégoutte sur le vicaire

Allusion aux réprimandes et aux sanctions qui suivent la voie hiérarchique et qui descendent en cascade et qui, en général, vont en augmentant lors de la descente.

438 Qui qu'no maque ? Des cricouis à la sace caillou

Que mange-t-on ? Rien à la sauce caillou

Des *cricouis* ce sont des riens, peu de choses. Et à la sauce caillou je ne vous dis pas. Essayez de tirer une sauce d'un caillou. Bon courage. Cette phrase est en fait la réponse que l'on fait à des enfants affamés et qui demandent sans arrêt ce que l'on mange au prochain repas.

439 Qu'eud misès et pis mourri

Que de misères et puis mourir

Cette expression exprime la lassitude et la résignation devant la dureté de la vie et de ses misères, dans cette vallée de larmes où nous nous échinons. On dit aussi : ***Que vie qu'on vit pou mourri au bout.***

440 Quanqu'eul frélampi s'fait gabelou

Quand le voleur se fait gabelou

Un *frélampi* est un vaurien, un voleur, un contrebandier. Quelqu'un qui évolue de l'autre côté de la légalité. Un *gabelou*, c'est le contraire, c'est le douanier. Il est chargé de faire respecter la loi et de faire payer les taxes. Donc passer de *frélampi* à *gabelou* c'est retourner sa veste, abandonner ses anciennes convictions.

441 Ête raide de la reintière

Etre raide du bas du dos

Se dit lorsque l'on a abusé des efforts physiques et que l'on est un peu coincé. C'est aussi signe de vieillissement, que l'on perd la souplesse de sa jeunesse. On dit aussi en normand : *ête malsouple* ou *avei mal à reins.*

442 Rhale couomme t'es bëite et tu rhaleras fort

Tire comme tu es bête et tu tireras fort

Plaisanterie que l'on dit à quelqu'un qui doit tirer une lourde charge et qui peine à le faire.

443 Riper ses galots

Tourner ses galoches

Riper c'est pousser ou tirer un objet avec frottement. *Galot,* mot normand pour galoches, pourrait avoir pour origine le celte *gal* qui veut dire caillou ou pierre plate par analogie avec la semelle de bois des galoches. *Riper ses galoches,* c'est tourner les talons, fuir.

444 N'pin povei saoter eune taopinière en treis couops

Ne pas pouvoir sauter une taupinière en trois coups

On n'est vraiment pas en forme lorsque l'on ne peut pas sauter par-dessus une taupinière même en s'y reprenant à trois reprises. C'est donc le signe d'un très mauvais état de santé.

445 Fadrait pin prinde les éfants du Bouon Diu pou des canards savages

Il ne faut pas prendre les moineaux pour des canards sauvages

Il ne faut pas prendre les autres pour des imbéciles.

446 S'foute euddans eune marée d'treize heus

Se mettre dans une marée de treize heures

Une marée dure un peu moins de douze heures et demie. Une marée de treize heures c'est donc quelque chose de « pas ordinaire ». C'est se mettre dans une situation ou des embarras hors du commun, dans de grands ennuis dont on n'est pas prêt de sortir.

447 Se mâquer l'nez

Se manger le nez

Se disputer, se chamailler, se dire des choses désagréables.

448 Si peu qu'on prend cha régobinde

Si peu que l'on prend, ça réconforte

Expression moqueuse que l'on utilise lorsque quelqu'un vous offre à boire ou à manger en quantité insuffisante. On fait remarquer par-là que ce n'est pas grand-chose mais que ça fait du bien quand même.

449 S'n'aller à neuche drié la granche

S'en aller à la noce derrière la grange

Aller se cacher pour faire à deux des choses que la morale réprouve. Pour deux amoureux aller se cacher pour s'embrasser, se caresser ou plus si affinité.

450 Souord couomme eune caôdière

Sourd comme une chaudière

On a beau lui causer, lui crier après, lui taper dessus, la chaudière n'entend rien. Elle reste sourde, "bouchée à l'émeri".

Remerciements

Je dédie ce recueil de sentences d'abord à ma grand-mère et à ma mère bien sûr mais aussi à mon épouse récemment décédée. Elle avait bien connu ma grand-mère et ses expressions qui l'amusaient tant, cette langue imagée et expressive qui l'enchantait. Elle qui n'était pas née normande mais qui l'était de cœur disait : je suis devenue normande et fière de l'être. Elle était la première à lire et à donner son avis sur la chronique que j'écrivais dans l'Eveil de Pont-Audemer. Et quand elle n'a plus pu les lire, je les lui lisais à sa demande. Ses derniers sourires. Qu'elle soit ici remerciée pour toute son aide et son amour.

Je remercie également l'Eveil de Pont-Audemer et son rédacteur en chef qui ont accepté d'accueillir notre rubrique hebdomadaire en normand. Ils ont eu beaucoup de courage et de gentillesse.

Mes remerciements à mes complices de l'association "La Chouque" qui font tant pour faire connaître et reconnaître notre langue, nos traditions.

Merci à Monsieur Francis Courel, maire de Saint-Philbert-sur-Risle pour son soutien moral et son intérêt pour la culture et la langue normande qui ont baigné son enfance.

Enfin, *last but not least,* merci à Denis Ducastel qui a eu la patience de relire tout ce travail et de le corriger, de le traduire en français littéraire. Sa sapience et son dévouement à la langue normande sont immenses. Ce travail n'aurait pas existé sans lui.

Cet ouvrage a reçu le soutien
du Conseil Régional de Haute-Normandie
et de la Direction Régionale des Affaires Culturelles (DRAC)

Achevé d'imprimer par Corlet Imprimeur - 14110 Condé-sur-Noireau
N° d'imprimeur : 190905 - Dépôt légal : janvier 2016

Imprimé en Normandie - France